設例で考える
内部通報・公益通報
の実務

弁護士 山本憲光 著

商事法務

はしがき

　本書は、公益通報者保護法及び内部通報制度について、主として企業の通報窓口担当者が使用することを想定して、基本概念、基本的な解釈や実務的に遭遇することも多いと思われる問題点等について、事例形式で解説したものである。

　筆者は、2014年ころから、企業の内部セミナー等の講師として公益通報者保護法及び内部通報制度を解説する経験をしてきたが、その際具体的な事例を設け、セミナー参加者に考えてもらう形式をとると、非常にわかりやすいと反響をいただいた。

　その経験を元に、また筆者自身の企業の外部窓口としての経験も参考に、公益通報者保護法及び内部通報制度の全体にわたる形で事例を大幅に増加し、解説を書き下ろしたのが本書である。

　直近の数年においても企業不祥事は跡を絶たず、その中の有意な数のケースは公益通報・内部通報に端を発するものである。一方で、不祥事事例の中には通報制度が存在することの意義に関する適切な理解があれば、企業リスクを大きく低減化できたと思われるものもある。

　公益通報・内部通報を実効的なものとするためには、社内規程を整備するとともに、制度を担う1人ひとりができるだけ早期に窓口を利用してもらえるよう努力を継続していかなければならない。通報内容のいかんによっては、その対応に唯一解を見出すことが困難であることも珍しくないが、悩みながらもよりよい実務を志向し、努力を重ねていくほかはなく、その際の「考え方」の道しるべとなるような、具体的で平易な叙述を心がけた。

　本書が日々実務を担当される方々の役に少しでも立つようであれば、望外の幸せである。

はしがき

　なお、本書で述べた見解は、いずれもあくまで筆者個人の見解であり、筆者の所属する法律事務所とは無関係であることを付言する。

　また、本書本文の内容は令和2年改正後の公益通報者保護法を前提としているが、本文の脱稿間近になって、消費者庁の公益通報者保護制度検討会報告書が公表され（令和6年12月27日）、近く国会への改正法案提出予定の報道がなされた。そのため、本書末尾に、同報告書に基づき、新たな改正予定項目とその簡単な説明も加えることとした。

　　令和7年（2025年）2月1日

　　　　　　　　　　　　　　　　　　　　　　弁護士　山本憲光

目 次

はしがき／(i)

序 章 公益通報者保護法の制定経緯・趣旨・概要 1
　Q1 なぜ公益通報者保護法があるのか／1

第1章 「公益通報」とは 9
　Q2 通報者と通報先／12
　Q3 通報対象者は誰か？／15
　Q4 通報対象事実とは？①／17
　Q5 通報対象事実とは？②／19
　Q6 退職した派遣社員による行政機関に対する通報が
　　　公益通報として保護される要件／21
　Q7 通報者の範囲──取引先事業者／23
　Q8 使者としての通報／26
　Q9 従業員による脅迫的公益通報と資料の持ち出し／28

第2章 公益通報者である労働者等が保護される内容 31
　Q10 公益通報をした労働者等の解雇／34
　Q11 公益通報をした労働者等の降格／36
　Q12 公益通報をした労働者等に対する損害賠償請求／38
　Q13 違法に取得した証拠に基づいて通報した者の
　　　保護可能性／40
　Q14 誤った事実に基づく通報と通報者に対する配置転換／
　　　46
　Q15 1号通報の理由／49
　Q16 「噂」と通報／53

iii

目 次

Q17 3号通報の要件／60
Q18 調査をしないことについて正当な理由がある場合／63

第3章 公益通報者である役員が保護される内容 67

Q19 公益通報をした役員に対する降格処分／69
Q20 公益通報をした役員に対する損害賠償請求／70
Q21 調査是正措置をとらないで行う通報／72
Q22 役員が履践すべき調査是正措置／75
Q23 役員による3号通報が認められる場合／79

第4章 体制整備①──内部通報窓口担当者の実務 83

Q24 窓口担当者の利益相反／83
Q25 子会社社員からの通報／86
Q26 処分軽減等を取引材料にした通報／90
Q27 内部通報窓口担当者による適切な対応／92
Q28 意見を求める通報／95
Q29 通報者の不安への対応／98
Q30 調査・是正措置後の通報者の保護／100
Q31 上司への通報／102
Q32 通報者が調査に協力しない場合／104

第5章 体制整備②──公益通報対応業務従事者 107

Q33 公益通報対応業務従事者の指定のあり方①／107
Q34 公益通報対応業務従事者の指定のあり方②／111
Q35 通報に関する情報の漏洩／113
Q36 調査における通報に関する情報の管理／116
Q37 公益通報対応業務従事者の指定のあり方③／119
Q38 内部通報体制のあり方／123

目　次

Q39 企業内で公益通報を受けた者に課せられる守秘義務／126

第6章　体制整備③──調査・ヒアリング　131
Q40 調査への協力を求められた者の不安への対応／131
Q41 通報者が被害者である場合の対応／134

第7章　体制整備④──内部通報制度を機能させるために　137
Q42 内部通報の効果検証／137
Q43 内部通報制度の利用実績／140
Q44 内部通報担当者の教育／142
Q45 企業内の内部通報規程に反する内部通報の処理／145
Q46 グループ内部通報体制①／148
Q47 グループ内部通報体制②／151

第8章　体制整備⑤──中小規模の事業者の実務　153
Q48 窓口を設置することが、「家族的な信頼関係」を損なうことになるか／153
Q49 匿名の通報を受け付けないとする実務は可能か／157
Q50 小規模会社にふさわしい体制／160
Q51 アフターケア／162

補遺　公益通報者保護法の改正提案（消費者庁公益通報者保護制度検討会報告書（令和6年12月27日）より）／164

序　章

公益通報者保護法の
制定経緯・趣旨・概要

　まず、公益通報者保護法がどのような経緯で制定されたかをみ
ておくと、その趣旨に対する理解も深まります。以下では、**Q1**に
基づいて、同法の制定経緯、趣旨と概要を説明します。

Q1　なぜ公益通報者保護法があるのか

設　例　　　甲は、運送会社Aの従業員であるが、会社が
　　　　　　ライバル会社と運送料金体系に関してカルテル
を締結しているのを知り、直属の上司に対して、独占禁止法
に違反するので中止するよう社長に進言して欲しいと申し出
た。しかし、上司は甲に、これは会社の重要な営業方針であ
るとともに機密事項だから黙っているようにと指示した。

　そこで、甲はA社がカルテルを行っていることを公正取引
委員会（公取委）に通報したところ、A社は独禁法違反によ
り課徴金納付命令を受けた。そしてA社は会社がこのような
損害を被ったのは甲が会社の秘密を漏洩し、公取委に通報し
たからであるとして、甲を懲戒解雇した。

　仮に公益通報者保護法がないとした場合、甲はどのような
法的手段をとることができるか。

序章　公益通報者保護法の制定経緯・趣旨・概要

解　説

　本設例は、**トナミ運輸事件**の事例を若干改変したものです。この事件は、公益通報者保護法制定のきっかけの一つとなった事件です。一般論として、Ａ社の従業員である甲は、雇用契約（労働契約）上ないし雇用関係に伴う信義則上の誠実義務（雇用者の利益を不当に害さないようにする義務）の一環として、会社の機密事項を漏洩するなどして会社に損害を及ぼす行為を行ってはならないという義務を負っています（これ以外でも企業秩序遵守義務などがあります。就業規則上明文化されている例も多いです）。そして、Ａ社が他社とカルテルを締結しているという事実は、社外に流出した場合には、課徴金や措置命令等、独禁法上の制裁にとどまらず、レピュテーションダメージ等、いろいろな損害が会社に生じることになるものなので、――もちろんそもそもカルテルを締結した会社の落度であり違法行為であるとはいえ――少なくとも形式的には、カルテルについて公取委に通報することが、誠実義務違反になることを否定することは難しい、ということになります。

　だからといって、自分が勤務する会社が独禁法違反という重大な法令違反行為を行っていることを知りながら、黙っていることが義務だというのも、非常に不合理です。このように、会社が違法行為を行っていることを知ってしまった従業員は、いわば矛盾した地位に置かれることになります。このような状況を解消する手立てはないのでしょうか。

　トナミ運輸事件の第１審判決（富山地裁平成17年２月23日判決・労働判例891号12頁）は、これに一つの解決の法理を提示しました。

　すなわち、従業員の通報行為が、

①通報事実（の根幹部分）が真実であるか真実と信ずるに足りる相

当の理由があること（真実性ないし真実相当性）

②通報行為の目的の公益性が認められること

③通報行為の手段・態様が目的達成のために必要かつ相当であること

の要件を満たすものであるならば、形式的には会社に対する誠実義務違反（雇用契約義務違反）になるような行為であっても、違法とならないと判示したのです。

これを甲について検討すると、甲は会社がカルテルを本当に締結していると信ずるに相当な理由があったと考えられます（上記①）。そして、通報の目的は、あくまで会社のコンプライアンス違反状態を正すことであり、公益性が認められます（上記②）。最後に、甲は最初は上司にカルテルの是正について提言したものの、受け容れられなかったため、やむを得ず公取委に通報したのであり、手段・態様の必要性と相当性も認められます（上記③）。とすれば、そもそも甲の公取委への通報行為は、誠実義務違反にはならない（なったとしても違法性はない）ということになり、甲の解雇は無効ということになると考えられます。

このように、トナミ運輸事件判決は、従業員が会社の違法行為を「**内部告発**」（以下では、従業員等が、会社のコンプライアンス違反行為を、内部通報によるのでなく、いきなり行政機関やマスコミに通報する行為を「内部告発」と呼びます。）した場合でも、それが誠実義務違反として違法にはならない場合があり、その要件（法理）を示した点に大きな意義がありました。これを以後、「**一般法理**」と呼ぶことにします[1]。

しかし、このような一般法理だけで、会社内で違法行為を知るに至った従業員の保護として十分でしょうか？　従業員が一般法

理を使って、例えば解雇無効を裁判で主張する場合、立証責任の
ルールからすると、上記①～③の要件があるかどうかについて
は、すべて解雇無効を主張する従業員の側で立証しなければなら
ず、持てる限りの証拠を出したとしても、それが各要件の立証と
して十分かどうかは、裁判所の判断次第です。①通報事実の真実
性ないし真実相当性や②目的の公益性については、通報者自身で
ある程度値踏みや評価ができるとしても、③手段・態様の必要
性、相当性の要件は抽象的であり、内部告発に至るまで通報者が
どの程度努力をすれば保護されるのか、よく分かりません。これ
では、せっかく勇気を奮って会社のコンプライアンスを正そうと
行動を起こした従業員にとって、大変酷であるといえます。

　また、特に2000年代以降、いわゆる「内部告発」によって、品
質偽装問題等、いろいろな企業のコンプライアンス違反が明るみ
に出、こういった企業の内部統制の欠陥と、自浄能力の欠如が明
らかになるとともに、消費者や一般市民からの企業に対する信頼
が下落し、社会問題となりました。

　このような状況下で、企業の内部統制を改善し、自浄能力を高

---

1)　公益通報者保護法施行後も、例えば、東京地裁平成23年1月28日判決
（労働判例1029号59頁）など、同法が適用されない事案において、一般法
理を適用して不利益処分の効力を否定した裁判例があります。同判決
は、「本件のような内部告発事案においては、「〔1〕内部告発事実（根幹
的部分）が真実ないしは原告が真実と信ずるにつき相当の理由があるか
否か（以下「真実ないし真実相当性」という。）、〔2〕その目的が公益性
を有している否か（以下「目的の公益性」という。）、そして〔3〕労働
者が企業内で不正行為の是正に努力したものの改善されないなど手段・
態様が目的達成のために必要かつ相当なものであるか否か（以下「手段・
態様の相当性」という。）などを総合考慮して、当該内部告発が正当と認
められる場合には、仮にその告発事実が誠実義務等を定めた就業規則の
規定に違反する場合であっても、その違法性は阻却され、これを理由と
する懲戒解雇は「客観的に合理的な理由」を欠くことになるものと解す
るのが相当である。」と判示しています。

め、消費者や一般市民からの企業への信頼を回復する有力な手段として、内部通報制度がクローズアップされました。

トナミ運輸事件でもそうでしたが、甲は最初は上司に提言したものの受け容れられなかったため、やむを得ず、公取委に通報したわけです。もしこの上司が適切に対応しておけば、もちろん実際にカルテルは行われている以上、課徴金という結果は免れなかったかもしれませんが、従業員による「内部告発」という、会社への信頼を失墜させ、レピュテーションを貶めるような事態は避けられたでしょう。また、近年であれば、独禁法違反についてはいわゆるリニエンシー制度があるため、甲の内部通報に基づいて適切に処理していれば、課徴金は免れたかもしれません。

また、「内部通報」によるにしても、「内部告発」によるにしても、通報者に対する報復や不利益処分には、事前予防、事後対応両面からしっかりと対処する必要がありますし、特に、通報に関する秘密保持についても、きちんと法的に手当てしなければ、内部通報による自浄作用の強化も、内部通報や内部告発をした従業員の保護も十分に図ることはできません。

このような事情を踏まえ、制定されたのが、**公益通報者保護法**です（2004年6月18日公布、2006年4月1日施行）。

公益通報者保護法の最大のポイントは、以下の2つです。

---

① 「公益通報」の概念に当てはまる通報である限り、通報をしたことを理由とする解雇は無効となり、その他の不利益処分も禁止される（違法となる）。

② 「公益通報」に該当するかどうかは、a）会社内部への内部通報、b）行政機関への外部通報、c）マスコミ等への通報の3タ

> イプに応じて要件を分け、後になるにつれて要件を厳しくする
> ことによって、内部通報による自浄作用が発揮されやすくする。

　なお、公益通報者保護法の制定に併せ、企業が内部通報窓口を設置する場合のガイドラインとして、2005年7月19日、内閣府国民生活局が、「公益通報者保護法に関する民間事業者向けガイドライン」（**民間事業者向けガイドライン**）を定めました。

　このようにして公益通報者保護法が制定され、これを機会に内部通報窓口を設置する企業も増えていき、一定の成果を上げました。他方で、名だたる大企業も含め、粉飾決算、品質偽装等、その後も深刻な不祥事が後を絶たず、これらが発生した企業では、多くが内部通報窓口を設けていましたが、少なくともこのような不祥事を防止するほどには、利用されていませんでした。併せて、公益通報者保護法施行後も、いろいろな形で、通報者に対する不利益処分が行われたり、通報者の秘密が守られないことがあり、これを恐れて窓口が利用されない状況、あるいはそもそも窓口の存在自体が従業員に知られていないか、知られていてもその意義が適切に理解されていない状況に陥っていました。これは一言でいうと、公益通報制度ないし内部通報制度の機能不全であるということができます。これに加えて、そもそも公益通報者保護法が公益通報の主体として認めていなかった通報主体、例えば、役員や、退職者からの通報をどう扱うかなど、手当てすべき多くの問題が浮上してきました。

　公益通報者保護法を所管する消費者庁は、このような公益通報窓口、内部通報窓口の機能不全と、その他の対処すべき課題解決のため、公益通報者保護法の改正の検討を進め、その結果、改正法が、2020年6月12日に公布され、2022年6月1日に施行されま

した（以下、この改正法を「**令和2年改正法**」といい、特に断りのない限り、令和2年改正法による改正後の公益通報者保護法を単に「**法**」といいます）。そして法は、事業者に対し、内部公益通報を受け、並びに当該内部公益通報に係る通報対象事実の調査をし、及びその是正に必要な措置をとる業務に従事する者を定め（法11条1項）、内部公益通報対応体制の整備その他の必要な措置をとることを義務付け（法11条2項。常時使用する労働者の数が300人以下の事業者においては努力義務（法11条3項））、これらの義務に関する事業者がとるべき措置について、その適切かつ有効な実施を図るために必要な事項を、「公益通報者保護法第11条第1項及び第2項の規定に基づき事業者がとるべき措置に関して、その適切かつ有効な実施を図るために必要な指針（令和3年8月20日内閣府告示第118号）」として定め（以下「**指針**」といいます）、その解説も公表しました（以下「**指針解説**」といいます）。

　なお、この法改正に先立ち、消費者庁は、いわば改正内容を一部先取りする形で、2016年12月18日、民間事業者向けガイドラインを改定しましたが、令和2年改正法施行（2022年6月1日）以後は、指針及び指針解説に統合されています。

第1章

「公益通報」とは

　序章で説明したとおり、法は、公益通報をした労働者等について、本来であれば労働法上の誠実義務違反になってしまうような事態から救済するための法律なので、どういう場合に保護の対象となるかを明確にするため、要件が非常に細かく規定されています。この要件は、「通報主体」、「通報対象者」など、「公益通報」の概念の様々な要素ごとに規定されているため、これらの要件をきちんとしなければ、担当者が通報を受けたとき、そもそも公益通報者保護法上の「公益通報」に当たるのか、そうでないのか、判断できないことになります。そこで以下では、設例に基づき、通報が公益通報に当たるための要件について、説明していきます。

◆サマリー

---

[1] **通報主体（法2条1項、2項）：**

　労働者、派遣労働者、退職者（退職後1年以内の者に限る）及び役員（原則として調査是正の取組を前置する→後述）

　※「役員」（「役員であった者」は含まれない）：

　　a）　法人の取締役、執行役、会計参与、監査役、理事、監事、清算人

　　b）　a）以外の者で、法律及び法律に基づく命令の規定に基づき法人の経営に従事している者（会計監査人を除く）

第1章 「公益通報」とは

② **通報対象者（法2条1項）:**

役務提供先またはその役員、従業員、代理人その他の者

※「役務提供先」:

　ａ）　労働者の雇用者または派遣先である事業者

　ｂ）　ａ）の事業者が契約に基づき事業を請け負っている事業者

　ｃ）　役員に職務を行わせる事業者

　ｄ）　ｃ）の事業者が契約に基づいて事業を請け負っている事業者

③ **通報内容（通報対象事実）（法2条3項）:**

　１　公益通報者保護法及び同法別表に掲げる法律（「特定法律」。特定法律に基づく命令を含む）に規定する罪の犯罪行為の事実又はこれらの法令に規定する過料の理由とされている事実（「特定犯罪行為・過料行為」）

　２　特定法律に基づく処分や勧告等の原因となる事実（ただしその結果最終的に特定犯罪行為・過料行為に帰着することとされているものに限る＝最終的に刑罰又は過料により実効性が担保されている規定に違反する行為ということ）[1]

　※これらの事実までには該当しない、単なるハラスメント等は該当しない。

　※公益通報者保護法別表に掲げられている法律

　　(1)　刑法

　　(2)　食品衛生法

　　(3)　金融商品取引法

　　(4)　農林物資の規格化等に関する法律

---

[1]　なお、条例に基づく違反行為は、地域によって保護される通報の範囲に差が生じることは適当ではないと考えられるため、通報対象事実に含められませんでした。

(5) 大気汚染防止法

(6) 廃棄物の処理及び清掃に関する法律

(7) 個人情報保護法

(8) 前各号に定めるもののほか、個人の生命又は身体の保護、消費者の利益の擁護、環境の保全、公正な競争の確保その他の国民の生命、身体、財産その他の利益の保護に関わる法律として政令で定めるもの

→会社法、労働基準法、独占禁止法、下請代金支払遅延等防止法等（「公益通報者保護法別表第八号の法律を定める政令（平成17年政令第146号）」）

4 **通報先（法２条１項）:**

a) **【内部通報】**役務提供先（または役務提供先があらかじめ定めた者）（１号通報）

b) **【外部通報】**通報対象事実について処分・勧告権限を有する行政機関（以下「行政機関」）又は行政機関があらかじめ定めた者（２号通報）

c) **【外部通報】**通報対象事実を通報することが発生・被害拡大防止のために必要と認められる者（以下「マスコミ等」）（３号通報）

※「不正の利益を得る目的、他人に損害を加える目的その他不正の目的」でないことが必要

第 1 章 「公益通報」とは

Q2 通報者と通報先

> **設 例**　ゼネコンの A 社は、B 社の本社ビルの新築工事の施工を請け負っていたが、安価に工事を済ませるため、建築基準法令で定める基準を満たさない工法や資材を使っていた。A 社専務取締役の甲、A 社の正社員で現場監督をしている乙、乙の前任者で半年前に退職した丙、A 社の派遣社員で乙の部下である丁、B 社の本社新築工事担当取締役である戊は、いずれもこのことを知っていた。
>
> 甲、乙、丙、丁、戊はそれぞれ A 社や B 社に対して公益通報ができる（法上の通報者となることができる）であろうか？

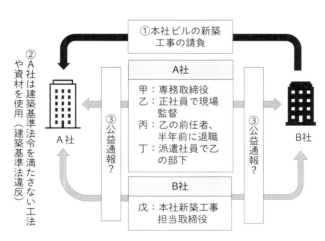

甲、乙、丙、丁及び戊は、それぞれA社B社に対して通報者となり得るか？

12

Q2 通報者と通報先

解　説

　まず、**A社を通報先とする公益通報**から考えましょう。

　通報対象事実かどうかが最初の問題となりますが、これは刑事罰や過料で制裁が設けられている行為と理解すればよいでしょう。このような通報対象事実が生じ、又はまさに生じようとしていることが「通報内容（通報対象事実）」です（法2条1項）。本問でA社が行っているとされている建築基準法令で定める基準を満たさない工法や資材の使用による施工は、建築基準法に違反し、罰則もあります（建築基準法98条1項2号）ので、**A社を通報先とする通報対象事実**ということができます。そして**甲及び乙**は、いずれもA社の現職の役員及び従業員（労働者）ですから、通報者となることができます（法2条1項4号イ、1号）。**丙**は、退職した従業員ですが、退職後半年であり、通報の時点で退職後1年経っていないので、やはり通報者となることができます（法2条1項1号）。派遣社員である**丁**も、派遣先であるA社に対しての通報者となることができます（法2条1項2号）。

　これに対し**戊**はどうでしょうか。法は、ある事業者(a)が、他の事業者(b)との請負契約その他の契約に基づいて事業を行い又は行っていた場合における、当該事業に従事している又は従事していた(a)の役員、従業員又は元従業員（通報の時点で退職後1年以内）は、(b)を役務提供先として通報者となることができると規定しています（法2条1項3号、4号ロ）。

　これを本件に置き換えると、(a)がA社で、(b)がB社ということができますが、同時に、(a)がB社で、(b)がA社ということもできます。つまり法2条1項3号、4号ロは、請負契約における工事発注元と発注先を区別しているわけではないので、発注元である

13

第1章 「公益通報」とは

B社の工事担当取締役である戊が、発注先であるA社を通報先として通報者となることができるということになります。

　それでは、**B社を通報先とする場合**はどうでしょうか。

　そもそも、違法工事を行っているのは工事発注先であるA社であって、発注元であるB社ではないので、B社を通報先とする通報対象事実（がある）といえるか、が問題となります。しかし、B社の工事担当取締役である戊はこれを知っているということですので、戊はその代償として、B社から個人的にリベートを受け取っているかもしれません。もしそうであれば、戊には会社法上の収賄罪（会社法967条）が成立する可能性がありますし、そのような事情がなくとも、建築基準法98条2項は、同条1項2号の違反が建築主（発注者）の故意によるものであるときは、建築主も罰する旨規定していますので、この違法工事は、発注者であるB社を通報先とする通報対象事実でもあるということになります。そして、B社との工事請負契約に基づいて請負事業を行っているA社の役員、従業員ないし派遣社員、退職後1年以内の元従業員である甲、乙、丙及び丁は、（戊が違法工事を知っていることについて知っている場合ということになりますが）いずれもB社を通報先とする通報者となることができます。また、戊はB社の役員ですから、もちろん、B社を通報先とする通報者となることができます。

Q3 通報対象者は誰か？

設例 Q2の設例〔p. 12〕において、乙が公益通報をする際、「誰」のことを通報すべきであろうか？

解説

誰のことを通報すべきかというのは、**通報対象者は誰か**という問題です。

法2条1項柱書は、通報対象者について、「役務提供先、その役員、従業員、代理人その他の者」と規定しています。これらの通報対象者について、通報対象事実が生じ、又はまさに生じようとしている場合、通報をすることができます。

本問でいえば、通報対象事実は建築基準法違反の工法や資材を使って工事をしているということですが、具体的にA社内の誰がそれを実際に行っているのか、あるいは指示しているのか等については記載がありません。しかし、そうであっても、事業者であ

第1章 「公益通報」とは

るA社がその不正が生じている工事を行っていること（A社について通報対象事実が生じていること）は間違いありませんので、少なくともA社を通報対象者として通報をすることができます。

　これに対し、B社については、その本社の新築工事において違法工事が行われているという重大事実が生じているわけではありますが、公益通報者保護法上の通報対象事実が生じているといえるかどうかは、単に本社工事で違法工事が行われているというだけでは明らかでありません。

　仮に、甲、乙、丙、丁のいずれかが、違法工事に戊が関与しているという情報を持っているのであれば、その者は、B社ないし戊を通報対象者としてB社に公益通報をすることができます。通報対象事実に関与している戊自身も同様です。

16

Q4 通報対象事実とは？ ①

設例 Q2の設例〔p.12〕において、A社は、基準を満たさない工法や資材を使用して建築コストを浮かせながら、税務申告においては基準通りの工法や資材を使用したように装うことによって利益を圧縮し、法人税額を安くしていた。A社経理部の派遣社員である丁はこのことを知っていたが、丁はこのこと（税法違反）を通報対象事実として公益通報をすることができるか？

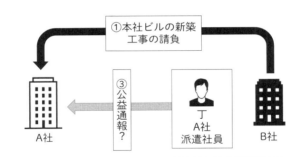

②虚偽の税務申告による脱税
（法人税法違反）

丁はA社の法人税法違反を通報対象事実として公益通報できるか？

解説

本問では、「通報内容（通報対象事実）」が問題となります。コンプライアンスないし企業倫理に反するようなことであれば何でも通報対象事実になるわけではなく、公益通報者保護法はこれを、**公益通報者保護法別表に掲げる法律に規定する罪の犯罪行為の事実又は同表に掲げる法律に規定する過料の理由とされている事実及びかか**

17

第1章 「公益通報」とは

る法律に基づく処分や勧告等の原因となる事実（ただしその結果最終的に犯罪行為・過料行為に帰着するとされているものに限る）に限定しています（☞**サマリー**〔p.10〕）。端的にいえば、最終的に刑事罰や過料による制裁につながり得る行為と理解すればよいでしょう。このような通報対象事実が生じ、又はまさに生じようとしていることが「通報内容（通報対象事実）」です（法2条1項）。

　本問では法人税法違反が問題とされており、基準を満たさない工法や資材を使用しているのに基準を満たしたように装って利益を圧縮して法人税額を安く抑えることは、実際に法人税法違反になります。しかし、このような脱税については法上、通報対象事実とされていません（法人税法は公益通報者保護法別表に掲げられている法律には含まれていません）。それは、このような税法違反は、国の課税権を侵害するものではありますが、法が保護の対象とする国民の生命、身体、財産その他の利益には該当しないためです。

　もちろん、このように利益を圧縮することは、法人税法に違反するだけでなく、A社が上場企業であれば、金融商品取引法にもとづいて開示する財務諸表について虚偽の内容を開示することにもつながるものであり、これは金融商品取引法違反になり得るところ、同法は法の別表に掲げられていますので、この点は通報対象事実になります。

Q5　通報対象事実とは？ ②

設例　Q2の設例〔p.12〕において、丁（女性）は、常々、上司（男性）の乙から、しつこく終業後の食事への誘いを受けるとともに、メールでたびたび、「着ている洋服が似合っている」とか、「こうしたらもっとかわいい」といった、業務と無関係のメールの送信を受け、迷惑していた。甲はこうした乙の行為について公益通報をすることができるか？

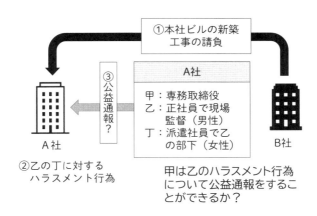

解説

　乙の行為は、丁を困惑させ、不快感を与えるものであって、職場の倫理に反するものではありますが、刑罰法規に触れる行為でないかぎり、法上の通報対象事実ではありません。

　しかし、ほとんどの事業者の内部通報規程は、**こうしたハラスメ**

第1章 「公益通報」とは

ント行為も内部通報の対象としているのが通常であることから、A社
もそうであれば、甲は乙のハラスメント行為について内部通報す
ることができると考えられます。

Q6 退職した派遣社員による行政機関に対する通報が公益通報として保護される要件

> **設例** 甲は、ある地方銀行A銀行の本店営業部で派遣社員として勤務していたが、営業部の同僚である派遣社員の乙から、「噂で聞いたのだが、当行融資部の行員である丙が、当行で融資を行った顧客の名簿を丁という男に売って金を自分の懐にいれているらしい」旨伝え聞いた。甲はそのような会社で勤務をしたくないと思い、A銀行を退職した。もっとも正義感の強い甲は、退職してから10日後、事実を公にする必要があると考えたため、特段裏付けとなる証拠の収集等は行わず、乙の発言のみを根拠として、金融庁に、自己の氏名及び住所を明らかにし、A銀行で顧客名簿の販売が行われていた旨聞いたことがあり、これは個人情報保護法に違反している状況であるから、状況を是正する必要がある旨電子メールにて通報した。甲が金融庁へ外部通報を行ったことは、法による保護の要件を満たすか。

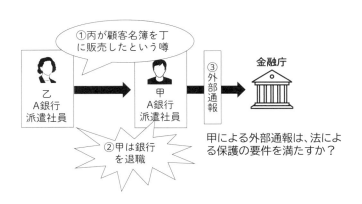

第1章 「公益通報」とは

解　説

　まず、退職した従業員でも退職後1年以内であれば通報者となることができるところ、甲の通報は退職10日後ですので要件を満たします（令和2年改正）。甲は金融庁という行政機関に通報しています。行政機関への通報（2号通報）については、令和2年改正前は、「通報対象事実が生じ、又はまさに生じようとしていると信ずるに足りる相当の理由」が必要であったところ、甲の通報は、あくまで乙から「噂」として聞いたというに過ぎませんので、これでは相当の理由があるとはいえません。しかし、法は、このような相当の理由がない場合でも、㈤公益通報者の氏名又は名称及び住所又は居所のほか、㈹通報対象事実の内容、㈸通報対象事実が生じ、又はまさに生じようとしていると思料する理由、㈺当該通報対象事実について法令に基づく措置その他適当な措置がとられるべき旨をすべて記載した書面や電子メール等によって通報すれば2号通報ができるようになりました。甲の通報はこれを満たしていますので、適法な公益通報ということになります。

Q7 通報者の範囲——取引先事業者

設例　住宅メーカーA社は、建材メーカーB社から、新開発した断熱材の納入を受け始めた。ところがB社において、断熱材の開発過程において法令上要求される性能試験の過程にミスがあり、必要な性能を満たしていないことが判明した。

B社担当者甲はただちにこのことをA社担当者乙に知らせたが、乙はすでにもう相当数の住宅が竣工し販売済みであり、今から交換等する場合には多額の損失が生じることを理由に、「対応しないことにする。このことを公にするのであれば、今後B社とは取引できないが、公にせず、今後の納入は正しい品質のものにしてくれるのであれば、引き続き取引を継続する」旨回答した。

甲はこのことについて、A社の通報窓口に対して公益通報をすることができるか。

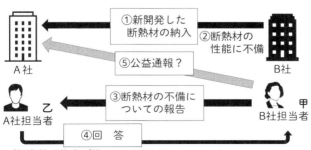

第1章 「公益通報」とは

解 説

　法において、通報主体は、事業者の従業員（派遣従業員を含み、過去1年に従業員であった者を含みます）または役員であり、当該事業者の取引先の従業員等は、改正案に至る議論の中で、通報主体に含めるべきであるという意見もありましたが、結局含まれませんでした。ただし、民間向けガイドラインにはすでに、

> （関係事業者全体における実効性の向上）
> ○　企業グループ全体やサプライチェーン等におけるコンプライアンス経営を推進するため、例えば、関係会社・取引先を含めた内部通報制度を整備することや、関係会社・取引先における内部通報制度の整備・運用状況を定期的に確認・評価した上で、必要に応じ助言・支援をすること等が適当である。
> （通報窓口の利用者等の範囲の拡充）
> ○　コンプライアンス経営を推進するとともに、経営上のリスクに係る情報の早期把握の機会を拡充するため、通報窓口の利用者及び通報対象となる事項の範囲については、例えば、以下のように幅広く設定することが適当である。
> ○　通報窓口の利用者の範囲：従業員（契約社員、パートタイマー、アルバイト、派遣社員等を含む）のほか、役員、子会社・取引先の従業員、退職者等・通報対象となる事項の範囲：法令違反のほか、内部規程違反等

と規定されており、取引先の従業員を含めた内部通報制度の整備が推奨されていました。これを踏まえた内部通報制度を既に整備している事業者も相当程度存在すると考えられます。

　本件では、A社がそのような会社であれば、甲の通報は法上の公益通報でないとしても、A社としては内部通報規程に基づき適

切に取り扱うことになります。もちろん、甲の通報は極めて重大な内容ですから、仮にかかる内部通報制度を整備していないとしても、事実上情報を得た場合には、リスク情報として適切に取り扱うことがＡ社取締役の善管注意義務であることはいうまでもありません。

第1章 「公益通報」とは

Q8　使者としての通報

> **設例**　加工食品メーカーのA社で仕入担当を長年勤めていた甲は、仕入れ先B社から仕入れていた食材に、食品衛生法では認められていない添加物が混入しているのを知っており、これを内部通報するかどうか悩んでいたが、勇気を持てなかった。
>
> 甲はこのことを折に触れて妻の乙に愚痴のように話していたが、そのまま定年退職し、その年のうちにがんで死亡した。甲の死後、乙は、添加物混入の事実をA社に告げてほしいと記載した遺書を発見し、これに基づき、添加物混入の事実をA社の内部公益通報窓口に通報した。
>
> 乙の通報は公益通報に当たるだろうか？

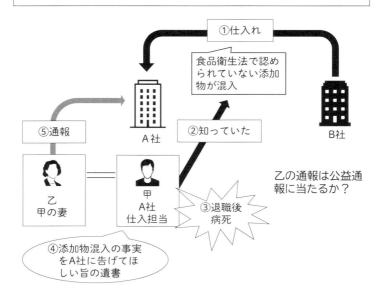

26

解　説

　法は、退職後1年以内の従業員、派遣従業員を通報者の範囲に含めたため、生前の甲であれば、通報は公益通報に当たります。その妻乙は、法上の通報主体ではなく、通報が退職後1年以内の甲の遺志に基づくものであるとしても、この点は変わらないと言わざるを得ませんが、甲が存命である場合に乙が**使者として通報する**場合には要件を満たすと考えられることからすれば、少なくとも乙が、通報が甲の遺志に基づくものであることを遺書等の記載により立証できるのであれば、A社としては甲からの適法な内部公益通報があった場合に準じて取り扱うのがよいと考えられます。

第1章 「公益通報」とは

Q9 従業員による脅迫的公益通報と資料の持ち出し

設 例　商社A社の課長甲は、リストラの対象として退職金の割増等の手当を前提とする早期退職制度への応募を上司から勧められていた。

そこで甲は、数年前に上司の部長乙がある高級官僚に公共事業の獲得を目的として、接待を繰り返し行っていたことを思い出し、自分への早期退職の勧奨を撤回させるため、このことを利用しようと考えた。しかし、証拠を提示しなければ自分の通報を会社は信じてくれないかもしれないと考え、甲は休日出勤をした上、数年前に乙の指示で乙のパソコンを開いたときに知ったIDとパスワードを使って自分のパソコンから乙の個人フォルダにアクセスし、官僚との接待に関する記録が記載されているファイルを開いてプリントアウトした。

甲はこの資料を持って人事部門に行き、人事部長に、早期退職勧奨を撤回しなければこの資料を検察庁に持っていくと話した。

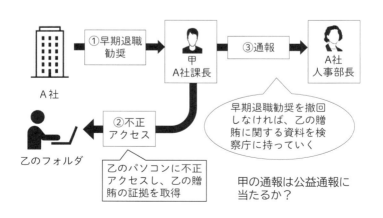

28

解　説

　甲の内部通報は、乙の贈賄という通報対象事実に関するものであり、公益通報としての要件を満たすもののように一見すると見えますが、公益通報は、通報先のいかんにかかわらず、「不正の利益を得る目的、他人に損害を加える目的その他の不正の目的でな」いことが必要です（法2条1項柱書）。

　甲は、内部通報を、「自分への早期退職勧奨を撤回させる」目的で行ったものであり、少なくとも勧奨が適切に行われている限り、このような目的は**不正の目的**に該当し、したがって甲の通報は適法な公益通報とは認められないと考えられます。

　また、甲が乙のパソコンに不正にアクセスしたことについては、甲の通報が適法なものであれば、**Q13**〔p.40〕で説明するように、甲の不正行為に関する責任を一定限度甲のために緩和させることも考えられますが、目的である通報自体が不正の目的ですから、このような配慮も不要ということになるでしょう。

　ただし、結果として、甲が通報した乙の贈賄について相当の疑いがあると判断されるのであれば、甲の通報については法上の公益通報でないとしても、会社としては適切に調査し、場合によって捜査当局への告発等の対応が必要になるでしょう。

　なお、「不正の目的でない」というためには、「不正の利益を得る目的」や「他人に不正の損害を加える目的」の通報と認められなければ足り、専ら公益を図る目的の通報と認められることまで要するものではなく、単に、交渉を有利に進めようとする目的や事業者に対する反感などの公益を図る目的以外の目的が併存しているというだけでは「不正の目的」であるとはいえないとされています（消費者庁参事官（公益通報・協働担当）室編『逐条解説公益通報者保護法〔第2版〕』（商事法務、2023年。以下「消費者庁逐条解説」）60頁）。

第2章

公益通報者である労働者等が
保護される内容

　前章では、法的に「公益通報」に該当するための要件について説明しましたが、これを受け、この章では、それでは公益通報をした場合に、労働者等はどういう法的保護を受けられるのか、について説明します。

◆サマリー

> ① **公益通報を理由とする解雇の無効（派遣契約の解除無効）（法3条、4条）**
>
> ② **公益通報を理由とする不利益取扱いの禁止（法5条）**
>
> 　公益通報をしたことを理由として、降格、減給、退職金の不支給、派遣労働者の交代を求めること、その他不利益な取扱いを禁止
>
> ③ **公益通報を理由とする通報者に対する損害賠償請求の禁止（法7条）**
>
> 　公益通報により損害を受けたことを理由とする事業者からの損害賠償請求を禁止
>
> 　※事業者以外の者からの損害賠償請求は制限されないことに留意
>
> 　ただし、上記1、2、3いずれについても、3種の通報先によって保護される要件に違いがある。
>
> 　① 　内部通報（役務提供先の内部窓口・外部窓口への通報）の

31

場合

→通報対象事実が生じ、又はまさに生じようとしている（こと。a）と（通報者において）思料されること

② 行政機関（外部窓口を含む）への通報の場合

→以下のいずれかの事情があること

　a を信ずるに足りる相当の理由があること（b）

　　　　or

　a があること

　＋以下のすべての事項が記載された書面（電子メール等含む）を提出する

　㈤ 公益通報者の氏名又は名称及び住所又は居所のほか、

　㈥ 通報対象事実の内容

　㈦ 通報対象事実が生じ、又はまさに生じようとしていると思料する理由

　㈧ 当該通報対象事実について法令に基づく措置その他適当な措置がとられるべきと思料する理由

③ マスコミ等への通報の場合

→b があること

　＋以下のいずれかの事情があること

　㈤ 公益通報をすれば解雇等の不利益取扱いのおそれがあると信ずるに足りる相当の理由があること　or

　㈥ 公益通報をすれば証拠隠滅等のおそれがあると信ずるに足りる相当の理由があること　or

　㈦ 役務提供先等に公益通報をすれば、役務提供先が当該公益通報者について知り得た事項を、当該公益通報者を特定させるものであることを知りながら、

正当な理由がなくて漏らすと信ずるに足りる相当の
理由があること　or

㈡　役務提供先から正当な理由なく公益通報しないよ
う要求されたこと　or

㈭　書面（電子メール等含む）で内部通報して20日経っ
ても会社から調査を行なう旨の通知がないか正当な
理由なく調査が行なわれないこと　or

㈮　個人の生命・身体の危害又は個人の財産に対する
損害（ただし通報対象事実を直接の原因とし、かつ、
回復不能又は著しく多数の個人における多額の損害
に限る）が発生しているかその急迫の危険があると
信ずるに足りる相当の理由があること

第2章　公益通報者である労働者等が保護される内容

Q10 公益通報をした労働者等の解雇

設例　　Q2の設例〔p.12〕において、乙がA社の内部通報部門に公益通報を行ったことにより、A社は建築基準法違反の工事を行っていたことを公にすることになり、B社本社新築工事をはじめ多くの工事を失うとともに営業停止処分となり、多大な損害が生じた。
　そうしたところ、乙はA社を解雇されてしまった。乙はどのような法的手段をとることができるだろうか？

①建築基準法令を満たさない工法や
　資材を使用（建築基準法違反）

③多大な
　損害

②公益通報

乙
A社正社員

A社

④解雇

乙はどのような法的手段を
とることができるか？

解説

　乙が公益通報をした目的が、不正の利益を得たり、A社を含め他人に害を加える目的によるものでない限り、乙のした公益通報は、法上適法な公益通報です。このように、**適法に公益通報をした公益通報者である労働者等については、公益通報をしたことを理由と**

して解雇をしても、無効となります（法 3 条 1 項 1 号）。

　したがって、乙は、A 社に対し、解雇無効を理由とする雇用関係存在確認の訴え等を提起することができることになります。この解雇無効は、法による、公益通報者の保護措置として第 1 に挙げられるものということができます。

第2章 公益通報者である労働者等が保護される内容

Q11 公益通報をした労働者等の降格

設 例　Q10の設例〔p.34〕において、乙は解雇はされなかったが、営業の平社員に降格となってしまった。乙はどのような法的手段をとることができるだろうか？

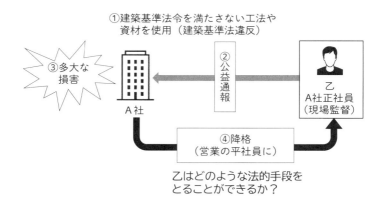

乙はどのような法的手段をとることができるか？

解 説

　公益通報者保護法による公益通報者保護の措置の第2として、**不利益取扱い（降格、減給、退職金の不支給その他）の禁止**があります。「禁止（「してはならない」）」の具体的な法的意味は、これらの不利益取扱いをした場合には、それが違法になる、つまり、不法行為（民法709条）により、損害賠償請求の対象となる、という意味です。**解雇した場合と異なり、無効になるわけではありません**。その理由について、消費者庁の立案担当官は、

① 禁止の対象である不利益取扱いには、（解雇のような法律行為だけでなく）事実行為も含まれること
② 解雇については、その重大性に鑑み、復職を前提とする「無効」が適当と考えられるのに対し、不利益取扱いについては、一律にその効力を否定するよりも損害賠償請求の対象とした方が公益通報者の利益となる場合（例えば、不利益取扱いが戒告処分にとどまった場合など）があると考えられること

と説明しています。

　なお、禁止されている不利益取扱いは、法の効果としては、上記のとおり損害賠償請求の対象となるにとどまるわけですが、他の法律によって、法律上の効果が無効となる場合もあります。例えば、労働契約法14条、15条によって、出向命令や懲戒処分が無効となるほか、権利濫用（民法１条３項、労働契約法３条５項）・公序良俗違反（民法90条）としても無効となる場合があります。

第2章　公益通報者である労働者等が保護される内容

Q12　公益通報をした労働者等に対する損害賠償請求

設　例　　Q11の設例〔p.36〕において、乙は降格させられるだけでなく、A社から損害賠償請求訴訟を提起された。この請求は認められるか。

①建築基準法令を満たさない工法や
資材を使用（建築基準法違反）

③多大な損害

②公益通報

A社

乙
A社正社員
（現場監督）

④降格
⑤乙に損害賠償請求

A社からの損害賠償請求は認められるか？

解　説

　令和2年改正前の法においても、不利益な取扱いの内容に損害賠償請求を行うことが含まれ得ると解されており、通報者に対し、公益通報を理由として損害賠償請求を行うことは違法となり得ると考えられていましたが、訴えの提起が違法行為となるのは、判例上、裁判制度の趣旨目的に照らして著しく相当性を欠くと認められるときに限られています（最高裁昭和63年1月26日判決・民集42巻1号1頁）。

　しかしながら、実際には、通報者に対して通報したことを理由

として損害賠償が請求された事例は少なからずあり、仮に棄却されることとなったとしても、応訴せざるを得なくなること自体が通報者にとって大きな負担でもあります。そこで、法7条は、公益通報者に対する、公益通報をしたことによって損害を被ったことを理由とする損害賠償請求を禁止しました。したがって、A社が乙に対して、乙が公益通報を行ったことを理由として損害賠償請求訴訟を提起したとしても、棄却されることになります。

第2章　公益通報者である労働者等が保護される内容

Q13 違法に取得した証拠に基づいて通報した者の保護可能性

設 例　　A社の従業員で、A社の代表取締役会長である乙の秘書である甲は、乙が、取締役会の承認なく、個人的な債務負債補填のためにA社の子会社から巨額の借入れをし、まったく返済もしていないことを知り、これは特別背任に当たる可能性があると考え、これを社内の公益通報窓口の担当者である丙に通報しようと思ったが、以前丙に通報を行った従業員丁の情報が何ら理由なく丙によって社内に流され、丁が他の従業員一同から嫌がらせを受けるようになったことやそのような例が複数発生していたことを思い出したため、自分もそのようにされることを嫌って社内の公益通報窓口にではなく、マスコミに通報を行おうと考えた。

そしてそのためには証拠が必要であると考え、甲は、乙が外出不在中に会長室に入り、乙の社用パソコンに、普段乙が操作するときに盗み見をして知ったパスワードを使ってログインしてデータを閲覧し、子会社からの借入れに関係しそうなデータをすべてUSBメモリにコピーしてログアウト、シャットダウンした。そして自宅でUSBメモリを調べたところ、子会社からの借入額や、これをカジノ等の遊興に費消していることを示すメール等の証拠が見つかった。甲は新聞社数社に対し、それら証拠のファイルとともに乙の背任の事実を通報した結果、乙の行為が公になった。しかしその一方、甲は、A社から通報によって売上げが下がった分の損害について損害賠償を求められるとともに、不正アクセス禁止法違反の罪で刑事告訴された。

Q13 違法に取得した証拠に基づいて通報した者の保護可能性

刑事告訴についてはどうか。甲への損害賠償は認められるか。

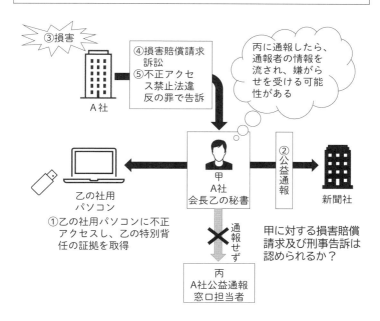

解　説

　公益通報を行うための証拠として、社内資料を持ち出したりするという事例も実際に発生しています。このような場合、通報者はどの程度保護を受けられるのでしょうか。これを本問で考えてみましょう。
　まず、甲が通報した事実は会長乙による個人目的での子会社からの巨額の借入れですので、特別背任罪に該当する可能性があり、法上の通報対象事実に該当します。次に、甲は、内部通報（1号通報）でなく、マスコミへの通報（3号通報）を行いましたの

で、その要件を満たすかが問題となります。この点、3号通報が許容される場合の1つとして、（通報対象事実が発生していると思料することの相当の理由に加え）役務提供先等に公益通報をすれば、役務提供先が当該公益通報者について知り得た事項を、当該公益通報者を特定させるものであることを知りながら、正当な理由がなく漏らすと信ずるに足りる相当の理由があること、があります（法3条3号ハ）。

　ここでA社の内部通報窓口担当者である丙については、「以前丙に通報を行った従業員丁の情報が何ら理由なく丙によって社内に流され、丁が他の従業員一同から嫌がらせをされるようになったことやそのような例が複数発生していた」ということですので、これは、上記要件に該当すると思われます。

　問題は、**通報対象事実が発生していると信ずることについて相当の理由があるか**、ということです。この要件は、「真実相当性」といわれていますが、単なる憶測や伝聞等ではなく、通報内容を裏付ける内部資料等がある場合や関係者による信用性の高い供述がある場合など、相当の根拠がある場合をいうとされています[1]。そのため、3号通報をしようとする通報者は、真実相当性の要件を満たすに足るだけの何らかの資料が必要となります。この点、おそらく、甲としては当初さしたる根拠もなかったため、乙のパソコンに不正アクセスしてUSBメモリに情報を不正ダウンロードし、証拠をつかんだのだと思われます。結果として、証拠をつかんでいますから、「相当の理由」もあるということになります。しかし、このような、明らかに犯罪行為で獲得した証拠に基づいて3号通報をすることは認められるのでしょうか。

　公益通報者保護法には、特に違法な手段で獲得した証拠に基づく通報を排除する規定はありません。また、裁判の世界では、い

1）　消費者庁逐条解説　123-124頁

Q13　違法に取得した証拠に基づいて通報した者の保護可能性

わゆる違法収集証拠排除の法理が存在し、違法な手続で収集された証拠が判決の基礎となる資料から排除される場合が存在します。しかし、公益通報は、通報に係る役務提供先のコンプライアンス体制の改善が重要な目的ですから、**通報のための証拠の収集過程に違法があったとしても、役務提供先のコンプライアンス違反の疑いが認められる限り、通報そのものを違法とする必要はなく、証拠の収集過程の違法行為の責任は、通報の違法性と切り離して考えることが可能**であり、相当だと思われます。むしろ、令和 2 年改正に至る議論においては、通報を促進するため、通報のための証拠を獲得するため行われた違法行為については、少なくとも一定の限度でその責任を問わないこととすべきであるとの意見も示されました。

　また、裁判例においても、通報をするための証拠の獲得過程ないし保管過程に違法性があった際に、これを理由とする懲戒処分の効力を否定する判決がいくつか出ています。以上から本件を検討すると、甲の行為は、不正アクセス禁止法違反という明らかな犯罪行為です。そしてこのような特別法上の犯罪にも適用される刑法総則には、法令・正当業務行為（刑法35条）、正当防衛（同法36条）、緊急避難（同法37条）という違法性阻却事由が存在しますが、公益通報目的の行為は、これらのいずれかに該当するということは、通常考えられません。したがって甲の刑事責任においては、通報目的で行ったことは、序章で述べた一般法理の内容（通報内容の真実性ないし真実相当性、目的の公益性、手段・態様の相当性）をはじめとする諸事情を勘案の上、検察官の起訴裁量（刑事訴訟法248条）ないし（起訴された場合には）裁判所の量刑判断で考慮されるにとどまるということになるでしょう。

　他方、会社からの民事訴訟については、通報自体は 3 号通報で適法である以上、法 7 条により、通報したことを理由とする損害賠償請求は禁じられます。ただ、本件の場合、甲が行った不正ア

43

クセスについては、上記のとおり法によっても適法化されるわけではありません。そのため、通報したことを理由とする損害賠償請求は禁止されるとしても、Ａ社が、甲の違法な不正アクセス行為と、損害との間に相当因果関係があることを立証したならば（それは困難ではないように思われます）、損害賠償請求が認められる可能性は否定できません。結局この点も、上記の刑事責任と同様、一般法理に基づいて、裁判所により、不正アクセス行為の違法性がどの程度のものと評価されるかにかかっていると言え、事情によっては（刑事責任面では責任が否定されないとしても）民事責任面では違法性が否定されることもあり得なくはないと思われます。

　なお、公益通報の資料とするための不適切な証拠収集行為については、以下のような裁判例があります。

参考裁判例①：大阪高裁平成21年10月16日判決
2009WLJPC/A10166010

　司法書士Ｙに雇用されていたＸは、事務所にある和解契約書の写しをとり、法務局にＹが非弁行為を行っている旨通報した。Ｙは、Ｘに対し、資料の持出しが違法であったと自認する確認書への署名押印を求め、書類保管場所を施錠し、Ｘが仕事に使用するパソコンを職場内のネットワークから遮断し、司法書士の補助者としての仕事を一切与えない等の不利益な取扱いを行った。

　ＸがＹに対し、慰謝料として200万円等請求。

→「何らの証拠資料もなしに公益通報を行うことは困難な場合が多いから、公益通報に必要な証拠書類（又はその写し）を持ち出す行為も、公益通報に付随する行為として、同法による保護の対象となる」

→150万円の賠償命令

参考裁判例②：京都地裁令和元年8月8日判決
TKC／25564023

京都市の職員Xは、京都市の児童相談所が被措置児童虐待の不祥事について、適切な対応をとっていなかったとの認識を有したことから、京都市の公益通報処理窓口に対して2回公益通報を行った。Xは、公益通報の内容を弁護士に説明するため、虐待を受けたとされる児童等のデータ等を閲覧の上出力し、そのうち1枚を自宅へ持ち出し無断で廃棄した。京都市は、かかるXの行為が懲戒事由に該当するものと判断し、地方公務員法29条1項に基づき停職3日の懲戒処分をした。

　Xが Y に対して、懲戒処分の取消しを請求

　　→1回目の内部通報の際に既に弁護士に交付しているため、「2回目の内部通報に関して明確な証拠として提示するという観点からすれば」Xの手元に保管しておく必要性は大きく減じたものといえる。「必ずしも自宅に持ち出す必要性までは認められないことからすると、その違法性が阻却されるものではない。」

　　　もっとも、「証拠保全ないし自己防衛という重要な目的を有していたものであり」「強く非難すべき点は見出し難い」「懲戒処分は、社会観念上著しく妥当を欠いて、その裁量権を逸脱又は濫用した違法がある」

　　→懲戒処分の取消し

では、結果的に通報事実が誤りであった場合、公益通報の効力がどうなるか、次の**Q14**で考えてみましょう。

第2章　公益通報者である労働者等が保護される内容

Q14　誤った事実に基づく通報と通報者に対する配置転換

設例　　老舗高級ホテルであるホテルオーヤマの中華レストランで給仕長を務める甲は、近時他のホテルで食材偽装の発覚が相次いでいることから、同ホテルでも同様のことがあるのではないかと気になり、出入りの業者に同ホテルで芝エビとして仕入れているエビは本当にそうなのかと聞いたところ、実はバナメイエビであると告げられたため、そのことを内部通報窓口に通報した。

ホテルはただちに中華レストランで提供していた芝エビ料理の提供を中止した上、調査を行ったが、結局正しく芝エビが仕入れられており、甲が業者から聞いた情報は誤りであることが判明した。ところが、ホテルオーヤマが芝エビのメニューの提供を中止したことで、同ホテルも偽装を行っているらしいとの風評が立ち、中華レストランのみならず、レストラン部門全体の利用客が激減した。

ホテルは、甲がいい加減な情報に基づき内部通報を行ったことが原因でレストラン部門の売上が激減したとして、甲を客室清掃係に配置転換した。

甲の配置転換は禁じられている不利益処分に該当するか。また、ホテルが甲に対し、売上減による損害の賠償請求をすることはできるか？

解説

甲の配置転換が禁じられている不利益処分に該当するかどうかは、甲の通報が適法な内部公益通報といえるかどうかにかかって

Q14 誤った事実に基づく通報と通報者に対する配置転換

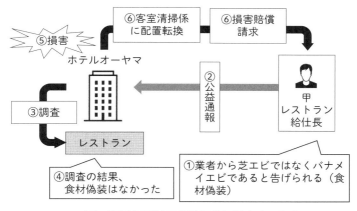

甲の配置転換は不利益処分に該当するか？

います。**甲の通報は結果として間違い**でしたが、法は、通報内容が客観的に真実であることまでを要求しているわけではありません。内部公益通報（1号通報）の場合には、「通報対象事実が生じ、又はまさに生じようとしていると思料する」ことで足ります（法3条1号）。

　甲が、他のホテルで食材偽装の発覚が相次いでいることから、自分のホテルでも同様のことがあるのではないか、と危惧しただけでは通報対象事実があると「思料する」とさえ言えないと思いますが、甲としては、出入りの業者に尋ねてみたところ、芝エビとして納入されているものが実はバナメイエビであると告げられたのであり、これが結果として間違いであることは甲は知らず、かつ、出入りの業者の情報であれば、それを信用したとしても無理からぬことですので、「通報対象事実が生じていると思料」したと言ってよいでしょう。ですので、甲の通報は、1号通報として適法であると考えられます。

　そうであるとすれば、この通報を理由とする**甲の配置転換は、違**

第2章　公益通報者である労働者等が保護される内容

法であるということになります。もちろん、甲が、出入りの業者の情報を鵜呑みにするのではなく、さらに確認すればよかったわけですが、このことは、通報を受けたホテル経営陣により妥当します。つまり、先にメニューの提供中止をするのでなく、本当に偽装があったのかどうかを確認すべきであったと思われます。顧客の健康被害のリスクがあるのであれば別ですが、エビの品種が異なるだけであれば、品質管理上の問題はあっても、ただちに提供を中止するまでの必要はなかったでしょう。その意味で、レストラン部門の利用客が激減したことは、むしろホテル側の判断ミスであって、**甲に損害賠償請求をするのは筋違い**といえるでしょう（法律的には、法7条により、損害賠償請求は棄却されることになると思いますが、仮に法7条がない場合でも、甲の行為には違法性がなく、また、仮に違法性があったとしても、ホテルが被った損害とは相当因果関係がないとして、請求が棄却されることになると思われます）。

48

Q15　1号通報の理由

Q15　1号通報の理由

設　例　食品メーカーA社の経理部では、最近部内で
社員がデスク等に保管している私物の現金等の
盗難が相次いでいた。経理部員で係長の甲は、同じ部員で最
近中途採用で入社した乙が、他の社員とほとんど交流しよう
とせず、1人で事務室内にいることが多いため、乙に恨みが
あるわけではないものの、乙の仕業ではないかと思い、乙が
窃盗をしているようだと内部公益通報窓口に通報した。

　ところが、調査の結果、別の社員丙の犯行であることが分
かった。A社は、軽率な通報で会社を混乱させたとして、甲
を平社員に降格とした。

　この降格処分は公益通報者保護法で禁止される不利益処分
に当たるか？　甲が乙を通報した理由が、「窃盗をしそうな人
相だから」という理由であった場合はどうか？

解　説

　内部公益通報をするためには、通報対象者について、**通報対象
事実が生じ、又はまさに生じようとしていると（通報者において）思
料されること**、が必要です。本件の通報対象者は乙ですが、一人で
事務室内にいることが多いというだけでは、当然ながら、乙が窃
盗犯であるとの証拠としては到底不十分です。とはいえ、「事務室
内に1人でいる」時間帯等にもよりますが、状況証拠のごく一部
となる場合もあると思われますし、いずれにしても、甲としては、
乙が窃盗犯であると「思料している」（思っている）わけですから、
内部公益通報の要件を満たすと言わざるを得ません。

49

第2章　公益通報者である労働者等が保護される内容

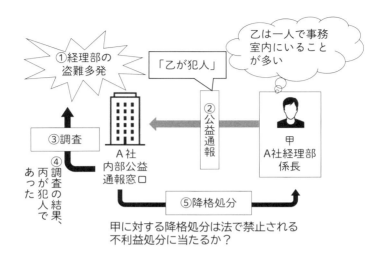

行政機関等やマスコミ等への通報については、通報対象事実が生じ、又はまさに生じようとしていると思料することについての「相当の理由」（真実相当性）が必要とされているのに、内部公益通報の場合は、なぜこのように「思料する」だけでよく、相当の理由は不要なのでしょうか？

この点については、立案担当官より、

ア　公益通報者が通報対象事実の当事者である役務提供先等に公益通報をしただけでは通報内容が外部に流布されることはなく、公益通報によって使用者の利益と密接に関わる当該役務提供先の名誉、信用が毀損されるなど使用者の正当な利益が不当に侵害されるおそれはないと考えられること

イ　「公益通報」の定義（法第2条第1項）により、公益通報は不正の目的でないことが要件とされており、このような誠実な通報に対して指揮命令違反を問うことは適当でないと考え

50

られること

ウ　事業者にとっては、犯罪行為やその他の法令違反行為が放置されるよりも、その初期段階で通報を受ける方がメリットがあると考えられること

エ　「役務提供先」又は「役務提供先があらかじめ定めた者」に対する通報であれば、通報の内容が事業者の外部に広く流布するわけではないこと

オ　通報を受けた事業者は、通報内容について社内で必要な調査を行い得ることから、通報が相当の理由に基づくものでなくても、犯罪行為やその他の法令違反行為を行ってない被通報者が事業者から不利益な取扱いを受けるおそれは低いこと

カ　不正の目的の通報は公益通報とはならないため、真実相当性を要件としなくても、このような通報については抑止力が働くと考えられること

キ　犯罪に開する捜査機関への告発（刑事訴訟法第239条）については、「犯罪があると思料するとき」に告発が認められており、これと比較してもバランスを欠くとは考えられないこと

といった理由が挙げられています[2]。

　確かに、甲が、「事務室内に1人でいることが多い」というだけの理由で乙が窃盗犯だとの公益通報をしたとしても、**調査担当者がそれだけでは証拠にならないということは適切に判断できる**はずですし、内部公益通報として受理するのであれば、大きな弊害はないといえるでしょう。したがって、2号通報や3号通報であれば別論、内部公益通報（1号通報）であれば、公益通報には当たらないとまでは言えないでしょう。したがって、甲の降格処分は、禁

2)　消費者庁逐条解説　119-120頁

じられた不利益処分ということになります。では、甲が乙を通報した理由が「窃盗をしそうな人相だから」という理由である場合はどうでしょうか？　そういう理由であっても、甲がそう思ったのが事実であれば、「通報対象事実が生じ、又はまさに生じようとしていると思料した」ということになりそうです。確かに、単なる日本語の「思料する」という言葉の意味としてはそうであるとしても、公益通報者保護法の内部公益通報（1号通報）の要件として「思料されること」という要件が課されている以上、同法の保護を与えるのが相当と考えられる程度の合理性は必要と考えるべきでしょう。人の人相だけで窃盗しそうかどうか判別できるという考えには、およそ同法の保護を与えるのが相当と考えられる程度の合理性があるとは考えられません。したがってこの場合には甲の通報は1号通報でさえなく、甲の降格処分は、少なくとも法5条が禁じる不利益処分には該当しないということになります（懲戒事由があるという判断自体が正しいかどうかは別論です）。

Q16 「噂」と通報

設例 新興IT企業で上場しているものの、近年業績が低迷し、運転資金に窮しつつあったA社で財務部門に勤務する甲は、財務部長の乙が、架空の事業計画を作り、これに基づいて銀行から融資を受けようとしているという噂を聞きつけた。A社には内部通報部門があったが、これを担当する社外取締役の丙は、乙の前の職場の上司であり、乙と個人的にも親しかったことから、甲は内部通報をしても丙に握りつぶされるかも知れないと考え、A社の所管官庁である経済産業省に、個人のメールアドレスから、自己の名前、住所と乙が虚偽の事業計画で銀行を騙して融資を引き出そうとしている旨を書いて送信した。

乙の通報は公益通報の要件を満たすか？ 甲のメール送信先が、官庁ではなく、新聞社であった場合にはどうか？

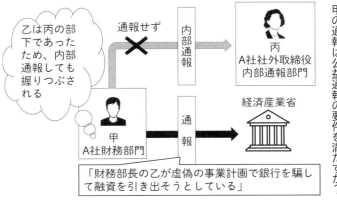

第２章　公益通報者である労働者等が保護される内容

解　説

　令和２年の改正法施行前は、行政機関等に対する通報（「２号通報」）は、通報対象事実が真実であると信ずるに足りる相当の理由（「真実相当性」）が必要とされていました。これに対し、改正後の法３条２号は、真実相当性がない場合でも、(イ)公益通報者の氏名又は名称及び住所又は居所のほか、(ロ)通報対象事実の内容、(ハ)通報対象事実が生じ、又はまさに生じようとしていると思料する理由及び(ニ)当該通報対象事実について法令に基づく措置その他適当な措置がとられるべきと思料する理由を記載した書面やメール等を提出することでも行政機関等への公益通報ができることとしました。これについては、平成27年４月に施行された行政手続法の規定による処分等の求め（行政手続法36条の３）を踏まえて設けられたもので、

　ア　改正前の公益通報者保護法の施行後に発覚した企業不祥事において、事業者に対する通報制度の機能不全が指摘されているなど、事業者に対する通報のみにより不正行為の是正を図ることには、一定の限界がある

　イ　権限を有する行政機関に対する通報は、法令の適正な執行のために制度上当然に予定されたものであるとともに、不正行為の是正について有効であり、かつ、事業者の外部に対する通報の中では比較的事業者に損害を与えるおそれも小さいことから、不正行為の是正を強化するためには、これまで以上に行政機関に対する通報を活用していくことが必要である

　ウ　真実相当性の要件が一定の抽象性を有しているために、権限を有する行政機関に対する通報に消極的になっている者がいると考えられる事例や、真実相当性を満たさないと考えら

54

れる通報を端緒として不正行為が是正される事例がみられる
エ　真実相当性を満たすために証拠資料を持ち出すことにより、懲戒処分や損害賠償請求を受けるおそれがある

などの事情を踏まえ、権限を有する行政機関に対する通報を活用するため、権限を有する行政機関に対する通報について保護の対象が拡大されたとされています[3]。

　これを本事例についてみると、甲が通報した乙の架空事業計画の情報は、「噂」であり、真実相当性があるとまでは言えません。しかし、甲による経済産業省への通報は、上記(イ)～(ニ)の情報をすべて含んでいるので適法な公益通報ということになります。

　では、甲のメール送信先が官庁ではなく、新聞社であった場合にはどうでしょうか？　通報先が新聞社ですから、3号通報となります。3号通報については、2号通報と異なり、上記のような、真実相当性を満たすに足る資料がない場合の代替手段はないため、甲がそのような資料を持っていることを前提に検討します。甲が通報対象事実の真実相当性を満たすに足る資料を有していたとしても、3号通報をするためにはさらに、

　　　(イ)　公益通報をすれば解雇等の不利益取扱いのおそれが
　　　　　あると信ずるに足りる相当の理由があること
　　　(ロ)　公益通報をすれば証拠隠滅等のおそれがあると信ず
　　　　　るに足りる相当の理由があること
　　　(ハ)　役務提供先等に公益通報をすれば、役務提供先が当
　　　　　該公益通報者について知り得た事項を、当該公益通報
　　　　　者を特定させるものであることを知りながら、正当な

---

3)　消費者庁逐条解説　124-125頁

第2章　公益通報者である労働者等が保護される内容

　　　　理由がなくて漏らすと信ずるに足りる相当の理由があ
　　　　ること
　　㈁　役務提供先から正当な理由なく公益通報しないよう
　　　　要求されたこと
　　㈭　書面（電子メール等含む）で内部通報して20日経って
　　　　も会社から調査を行なう旨の通知がないか正当な理由
　　　　なく調査が行なわれないこと
　　㈬　個人の生命・身体の危害又は個人の財産に対する損
　　　　害（ただし通報対象事実を直接の原因とし、かつ、回復不
　　　　能又は著しく多数の個人における多額の損害に限る）が発
　　　　生しているかその急迫の危険があると信ずるに足りる
　　　　相当の理由があること）

のいずれかの事情が必要とされています。甲は「内部通報部門担
当の社外取締役の丙が、通報対象者である財務部長乙の前の職場
の上司であり、乙と個人的にも親しかったことから、内部通報を
しても丙に握りつぶされるかも知れないと思った」ために3号通
報をするに至ったわけですが、これはいずれかを満たすでしょう
か。すぐに思い当たるのは「㈥　公益通報をすれば証拠隠滅等の
おそれがあると信ずるに足りる相当の理由があること」です。こ
の点消費者庁の立案担当官は、

・過去に役務提供先等になされた通報について、証拠が隠滅され
　たケースが実際にあった場合
・犯罪行為やその他の法令違反行為の実行又は放置について証拠
　を保有している者や経営者の関与がうかがわれる場合
・社内の多数の者が犯罪行為やその他の法令違反行為に関与して
　いる場合

56

Q16 「噂」と通報

・既に発生している犯罪行為やその他の法令違反行為が重大であ
　るため、それが明らかとなることによって経営陣の処分につな
　がるなどの事業者に対する極めて大きな影響がある場合

などの場合には、証拠隠滅等のおそれがあると信ずるに足りる相
当の理由があると考えられるとしています[4]。
　また、

・重要な証拠が適切に管理されていないなど、証拠隠滅等を行お
　うとすれば容易に行い得る状況にある
・社内規程に通報処理に従事する者の利益相反関係の排除や通報
　に関する情報共有範囲の限定について明記されていないなど、
　法定指針及び指針の解説等に沿った、実効性のある内部公益通
　報制度が整備、運用されていない
・事業者に不利益な事実について、虚偽の報告、公表や不利益な
　部分を恣意的に伏せた報告・公表がなされたケースが実際に
　あった

などの事情は、証拠隠滅等のおそれがあると信ずるに足りる相当
の理由の有無を判断する際の考慮事情になり得ると考えられると
されています[5]。
　これらを見ると、本問の甲のように、単に「内部通報部門担当
の社外取締役の丙が、通報対象者である財務部長乙の前の職場の
上司であり、乙と個人的にも親しかったことから、内部通報をし
ても丙に握りつぶされるかも知れないと思った」だけでは不十分
であり、それ以上に「証拠隠滅等のおそれがあると信ずるに足り

---

4) 消費者庁逐条解説 135-136頁
5) 消費者庁逐条解説 136頁

57

第２章　公益通報者である労働者等が保護される内容

る」程度の何らかの具体的な間接事実は必要となるということで
しょう。ただし本問の通報対象事実である、上場企業が架空の事
業計画を作って銀行から融資を騙し取ろうとするなどは、「法令
違反行為が重大であるため、それが明らかとなることによって経
営陣の処分につながるなどの事業者に対する極めて大きな影響が
ある場合」には該当しそうです。

　いずれにしても、訴訟となった場合には、３号通報の要件と
なっている諸事情があることは通報者の側に立証責任があると考
えられている以上、上記のように要件が「……信ずるに足りる相
当の理由」のように抽象的になっている場合には、通報者の側で
要件を満たすに足る具体的な間接事実が要求されること自体はや
むを得ないと考えられます。本問の甲が３号通報をする場合には
「(イ)　公益通報をすれば解雇等の不利益取扱いのおそれがあると
信ずるに足りる相当の理由があること」、「(ハ)　役務提供先等に公
益通報をすれば、役務提供先が当該公益通報者について知り得た
事項を、当該公益通報者を特定させるものであることを知りなが
ら、正当な理由がなくて漏らすと信ずるに足りる相当の理由があ
ること」も問題となり得ますが、これらについても同様の考え方
が妥当します。

　なお、企業等の内部通報制度運用者の観点から重要なのは、上
記の(イ)～(ハ)のような、３号通報の要件を満たす間接事実の一つと
して、「社内規程に通報処理に従事する者の利益相反関係の排除
や通報に関する情報共有範囲の限定について明記されていないな
ど、法定指針及び指針の解説等に沿った、実効性のある内部公益
通報制度が整備、運用されていない」ことが挙げられているとい
うことです。「法定指針及び指針の解説等に沿った、実効性のある
内部公益通報制度」の整備、運用は、法的義務とされた（法11条
２項。常時使用する労働者の数が300人以下の事業者については努力義

58

務。同条3項）ため、そのような整備、運用がなされていないということは、法令違反にほかなりませんが、そのような場合は、例え表面的には内部通報制度が整えられていたとしても、通報者が1号通報によらず、3号通報をすることは問題なく認められ得るということになるということです。

第2章　公益通報者である労働者等が保護される内容

Q17　3号通報の要件

設　例　　Q16の設例〔p.53〕において、甲は、A社の内部通報の外部窓口を委託している弁護士丁にメールで通報を行った。丁は、その通報がされたときちょうど国内出張中であったため、その通報についてA社の内部通報担当者戊に報告をしたのが通報を受信して1週間後であったが、その際甲に対し、通報を受信した旨連絡するのを失念していた。

ところが戊も、丁から報告を受けた際、他の通報の調査等に忙殺されており、甲に対して通報受領と調査に必要な情報提供の連絡をしたのが、丁から報告を受けてさらに2週間後になってしまった。

甲は、あまりの対応の遅さに不信感を抱き、新聞社に対して投書により通報を行った（なお、この時点で甲は乙の部下から、乙が作成途中であった架空の事業計画の電子ファイルを入手していた）。

甲の新聞社への通報は公益通報に当たるか？　甲が新聞社へ投書したのではなく、甲が架空名義で作ったSNSのアカウントを使ってSNSに投稿した場合はどうか？

解　説

新聞社含め、マスコミ等（「その者に対し当該通報対象事実を通報することがその発生又はこれによる被害の拡大を防止するために必要であると認められる者」：法3条3号）に対する通報に当たっては、真実相当性が要求されますが、甲は新聞社への通報の段階では、

Q17 3号通報の要件

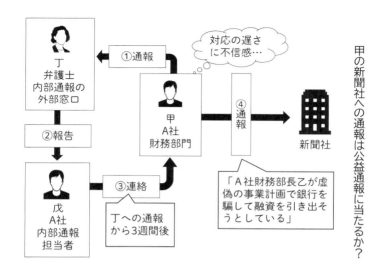

乙が作成途中であった架空の事業計画の電子ファイルを入手していたということですから、真実相当性は満たしているといえます。そしてそれ以外に、(イ)〜(ヘ)（☞**サマリー**〔p.32〕）のいずれかを満たす必要があります。この点、丁弁護士は甲への通報受領通知を失念しており、結局戊が甲に連絡をしたのが通報から3週間後（21日後）とのことですので、20日を経過しており、(ホ)に該当します。したがって、**甲の新聞社への通報は、公益通報に該当する**ということになります。

それでは甲が架空名義で作ったSNSアカウントを使ってX（旧ツイッター）等のSNSに投稿した場合はどうでしょうか。そもそも架空名義のアカウントですから、少なくともSNSで表示しただけでは甲が特定されるわけではなく、匿名性が保たれています。しかしそれでも発信者情報開示請求その他の手段によって投稿者が甲であることが判明する可能性はあり、その場合には判明した

第 2 章　公益通報者である労働者等が保護される内容

段階から顕名通報（通報者が特定できる通報）として扱うべきであると考えられています。その前提で検討すると、問題となり得るのは、これが 3 号通報に当たるかどうかということです。この点、消費者庁の立案担当官は、「一般的には、インターネット上での一方的な書き込みなどは保護の対象に当たらない場合が多いと考えられる。」、「また、インターネットの閲覧者は、通常、『その者に対し当該通報対象事実を通報することがその発生若しくはこれによる被害の拡大を防止するために必要であると認められる者』（法第 2 条第 1 項）にも該当しないと考えられる。」、「しかし、例えば、当該商品が広く流通していて誰もが被害者になり得る場合や、顧客のみが利用できる会員サイト上のインターネット掲示板に書き込みを行う場合などで、その書き込みが十分な根拠に基づいているときなどには、『信ずるに足りる相当の理由』（法第 3 条第 3 号）がある場合という保護要件を満たし、『当該通報対象事実により被害を受け又は受けるおそれがある者』（法第 2 条第 1 項）に対する通報であることから、本法の保護の対象となり得る場合も考えられ、個々の事案に応じて判断すべきであると考えられる。」としています[6]。これを本件について考えてみると、甲が相当の根拠を持っていたとしても、通報対象事実は A 社財務部長による銀行への詐欺行為の疑いですから、SNS 閲覧者が被害者となり得る類の事実というわけではなく、**甲の SNS への投稿が 3 号通報として保護の対象となるのは難しい**といえるでしょう。

---

6)　消費者庁逐条解説　78-79頁

Q18 調査をしないことについて正当な理由がある場合

設例 Q16の設例〔p.53〕において、甲はA社の内部通報窓口に通報を行い、調査が行われたが、結局通報対象事実は認められないという結論となり、その旨通報者である甲にも通知された。甲はその結果に納得できず、再度丁の社外窓口に同内容の通報を行ったが、A社はすでに調査済みであり、通報対象事実は認められなかったという理由で調査を行わなかった。あくまで納得できない甲は、自分で乙の部下に内密で働きかけたところ、乙がその部下に作らせた架空の事業計画を入手することができた。甲はもはや1号通報の窓口は信用できないと考え、知り合いの新聞記者に同資料とともに通報した。この通報は3号通報の要件を満たすか？

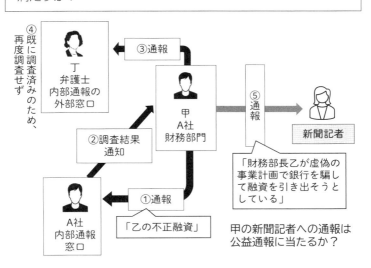

甲の新聞記者への通報は公益通報に当たるか？

第 2 章　公益通報者である労働者等が保護される内容

解　説

　Q16の解説でも挙げていますが、(真実相当性を満たすことを前提に)、「1号通報をしたにもかかわらず正当な理由なく調査が行なわれないこと」も3号通報が許容される場合の一つに挙げられています（法3条3号ホ）。ここにいう**調査を行わないことの「正当な理由」とは何か**、が問題となりますが、消費者庁の立案担当官は、これが認められる場合の例として、

・通報前に既に調査を行っており当該事実がないことが明らかである場合
・過去の事案で当時の事実関係を調べる方法がないことが判明した場合

などが該当するとしています[7]。

　これを本問についてみると、甲は2度目の通報を社外窓口に行ったものの、すでに内部窓口への1回目の通報により行われた調査の結果、通報対象事実はないという結果であったため、A社としては甲の2回目については調査を行わなかったというのです。これは、上記の「通報前に既に調査を行っており当該事実がないことが明らかである場合」に該当することになるため、A社が調査を行わないことには正当な理由があり、よって甲は3号通報をするための要件を満たさないということになります。

　ただ本問では、その後甲は自分で乙の部下に働きかけて、通報対象事実の真実相当性の資料となる架空の事業計画を入手しています。ということは、結果的にはA社が前に行った調査は不十分

----

　7)　消費者庁逐条解説　143頁

であったということになります。このような不十分な調査であっても、事実が認められないという結論になった場合に、再度調査を行わないことが「正当」といえるものであったかどうかは問題となり得、例えばそもそも関係者へのヒアリングを一切行わないし、関係する電子データも一切見ないというようなずさんな調査であった場合には、再調査を行わないことは「正当」とは認められないということもあり得ると考えられます。ただそれでも、一応適切に調査は行われていたと言える場合には、再調査を行わないことは、公益通報者保護法の解釈としては「正当な理由」に基づくこととなり、甲の３号通報は要件を満たさないことになってしまわざるを得ませんが、その場合には、甲の保護は一般法理で行うということになるでしょう。

第3章

公益通報者である役員が保護される内容

　令和2年改正により役員も通報者となることができるようになりましたが、その要件、特に3号通報に関しては非常に複雑になっているので、留意が必要です。

◆サマリー

> [1]　解任を除く不利益取扱いの禁止（※解任自体は株主等の権利であり、無効にできない）（法5条3項）
>
> [2]　公益通報を理由として解任された場合の損害賠償請求（法6条）
>
> [3]　公益通報を理由とする損害賠償請求の禁止（法7条）
>
>
> 　ただし、上記1、2、3の保護を受けるためには、通報先により、以下の要件を満たすことが必要である。
>
> 1号通報（法6条1号）
>
> 　通報対象事実が生じ、又はまさに生じようとしていると思料すること
>
> 2号通報（法6条2号）
>
> (i)　調査是正措置（善良な管理者と同一の注意をもって行う、通報対象事実の調査及びその是正のために必要な措置）をとることに努めたこと（ただし、緊急避難的状況（個人の生命若しくは身体に対する危害又は個人（事業を行う場合におけ

るものを除く。）の財産に対する損害が発生し、又は発生する
急迫した危険があると信ずるに足りる相当の理由がある場
合）においては、調査是正措置不要）

(ⅱ) （調査是正措置後も、）通報対象事実が生じ、又はまさに生
じようとしていると信ずるに足りる相当の理由があること

3号通報（法6条3号）

(ⅰ) 調査是正措置をとることに努めたこと（ただし、緊急避難
的状況においては、調査是正措置不要）

(ⅱ) （調査是正措置後も、）通報対象事実が生じ、又はまさに生
じようとしていると信ずるに足りる相当の理由があること

(ⅲ) 次のいずれかの事情があること（ただし、緊急避難的状況
においては、これらの事情不要）

　(イ) 1号通報または2号通報をすれば解任、報酬の減額そ
の他不利益な取扱いを受けると信ずるに足りる相当の理
由があること

　(ロ) 1号通報をすれば通報対象事実に係る証拠が隠滅さ
れ、偽造され、または変造されるおそれがあると信ずる
に足りる相当の理由があること

　(ハ) 役務提供先から1号通報や2号通報をしないことを正
当な理由がなくて要求されたこと

Q19 公益通報をした役員に対する降格処分

設例 Q2の設例〔p.12〕において、甲は、A社の建築基準法違反について、法の要件を満たす公益通報を行った。そうしたところ、A社取締役会は、会社を混乱させたとして、甲を平取締役に降格する決議を行った。甲はこれに対してどのような措置を講ずることができるか？

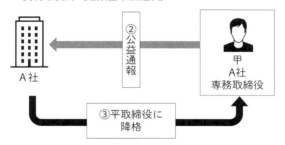

甲はどのような措置をとることができるか？

解説

令和2年改正により、**役員も通報者**として認められました。その結果、法5条3項は、公益通報者である役員が所属する事業者は、当該役員に対し、公益通報をしたことを理由として、「報酬の減額その他不利益な取扱い（解任を除く）」をすることを禁じました。専務取締役から平取締役に降格することも「**不利益な取扱い**」に当たりますので、甲は違法な不利益取扱いをされたことを理由として、A社に損害賠償請求をすることができます。

第3章 公益通報者である役員が保護される内容

Q20 公益通報をした役員に対する損害賠償請求

設 例　　Q19の設例〔p.69〕において、A社は、株主総会で甲を解任するとともに、会社が被った損害について賠償請求訴訟を提起した。
　甲はどのような措置を講ずることができるか？

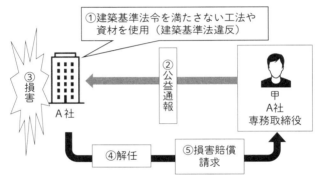

甲はどのような措置をとることができるか？

解 説

　法は、役員について、禁止される「不利益な取扱い」から、解任を除いています。これは、役員と事業者（会社）とは委任関係（民法643条）にあるところ、委任は、当事者がいつでも解除することができるとされており（同法651条1項）、このこと自体は禁止することができないためです。ただし、それでは解任された場合の保護に欠けるため、公益通報をした役員がそれを理由に解任された場合は、**解任されたことによる損害の賠償を請求することができ**

るとされています（法6条）。

　また、通報先である事業者からの、公益通報を理由とする損害賠償が禁じられているのは、従業員の場合と同様です（法7条）。

　したがって、A社による甲の解任自体は有効と言わざるを得ませんが、公益通報を理由とする甲に対する損害賠償は、認められません（棄却されることになります）。また逆に、甲は、A社に対し、解任されたことによる損害の賠償を請求することができます（法6条1号）。

第3章　公益通報者である役員が保護される内容

Q21　調査是正措置をとらないで行う通報

設　例　バイオベンチャー企業で上場準備中であったA社の監査役甲は、代表取締役の乙が、東京証券取引所の上場審査に当たり、これまでの業績について虚偽の書類を作成して提出することにより、上場を実現しようともくろんでいることを知った。甲は、まずはA社の取締役会でこれを指摘し、中止させようと思ったが、A社の甲を除く全役員は乙と付き合いの長い人物であり、取締役会で指摘などしても握りつぶされてしまうことを懸念し、監督官庁である厚生労働省にこれを知らせた。そのためA社の上場計画は頓挫し、多額の損失を計上したため、甲はA社の監査役の地位を解任された上、A社から損害賠償を求められた。A社による甲の解任や損害賠償請求は認められるか。

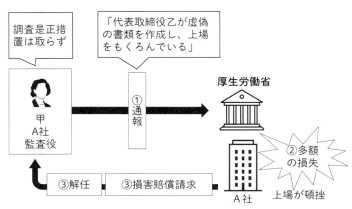

A社による甲の解任及び損害賠償請求は認められるか？

Q21　調査是正措置をとらないで行う通報

解　説

　令和2年改正法施行前は、会社の役員は公益通報者になることができませんでした。これは、役員は会社に対して善管注意義務（（株式会社の場合）会社法330条、民法644条）を負っており、他の役員に違法不当な業務執行がある場合には、取締役会や監査役（会）に報告すべきものとされている（会社法357条、363条）ため、通報するのがむしろ義務であるとともに、その地位自体、労働者のように雇用契約でなく、株式会社の株主等、持分権者によって選任されるものであることから、公益通報者として保護する必要はない、といった考え方に基づくものでした。

　しかしながら、役員はその職務上、労働者以上に、会社のコンプライアンス上機微な情報に触れる機会が多い面もあると考えられる上に、実態として、内容的に公益通報に相当する通報をした役員に対して、解任や損害賠償といった不利益な取扱いがされるという実例が相次ぎ、看過すべきでない状況にあると考えられたことから、役員も公益通報者の範囲に加えられることとなりました。ただし、**行政機関等を通報先とする2号通報に関しては、緊急避難的状況にない限り、通報前に自ら調査是正措置をとろうと努めたものの、状況が改善しなかったこと（調査是正措置後も、通報対象事実が生じ、又はまさに生じようとしていると信ずるに足りる相当の理由があること）**が要件とされています（法6条2号）。

　これを本問についてみると、甲は「A社の取締役会でこれを指摘し、中止させようと思ったが、A社の甲を除く全役員は、乙と付き合いの長い人物であり、取締役会で指摘しても握りつぶされてしまうことを懸念し」て、自ら調査是正措置を講じようとせず、厚生労働省に2号通報を行ったものです。そうすると、残念ながら甲の通報は2号通報としての公益通報には当たらないというこ

73

とになります。つまり、仮に2号通報として適法であれば、解任自体は有効であるとしても、甲に対する損害賠償請求は法7条により認められませんが、本件では同条が適用されず、損害賠償請求は公益通報者保護法では禁止されないことになってしまいます。

Q22 役員が履践すべき調査是正措置

設例 Q21の設例〔p.72〕において、甲が、監査役室のスタッフに指示して調査させ、上場審査に提出されている書類が虚偽であるという証拠をつかみ、これを取締役会に提出して虚偽上場申請を止めるように進言したものの、乙をはじめ他の役員がこれを聞き入れなかった場合はどうか。あるいは、取締役会への報告まではせず、乙に証拠を添付したメールを単線で送って止めるよう促したものの、乙が拒否した場合はどうか。

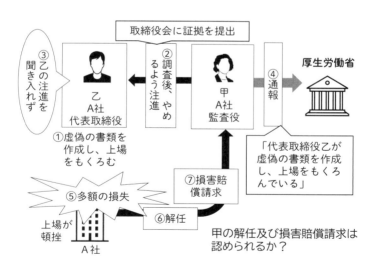

甲の解任及び損害賠償請求は認められるか？

第3章　公益通報者である役員が保護される内容

解　説

　2号通報をした役員が保護されるためには、緊急避難的状況にない限り、調査是正措置をとるよう努めてもなお、通報対象事実が生じ、又はまさに生じようとしていると信ずるに足りる相当の理由があることが必要です。そしてここにいう「調査是正措置」とは、「**善良な管理者と同一の注意をもって行う、通報対象事実の調査及びその是正のために必要な措置**」をいうとされています。役員はその所属先会社等に対し、善管注意義務を負っています（会社法330条、民法644条等）ので、緊急避難的状況がない限り、まずは善管注意義務を尽くして、通報対象事実があるかどうか調査し、あると考えられる場合はこれを是正しよう（させよう）と努め、それでもなお状況が改善しない場合に2号通報を可能とし、公益通報者保護法上の保護を与えることとしたのです。そうすると、具体的にどのような「調査是正措置」が必要なのか、という点は、具体的な事案を前提として、通報者となる役員にもともと課されている善管注意義務の内容から、個別具体的に判断することになると考えられます。この点、本件の甲は、未上場であるけれども上場を計画している株式会社の監査役ですから、適切な内部統制システム（法令遵守体制）が構築されているかについて、監視するとともに、もし法令違反行為の疑いを持ったのであれば、監査役として有する社内調査権限を行使するなどして調査を行いその有無を確認し、その結果もし法令違反行為が認められる結論に至ったのであれば、取締役会に報告する権限と義務があります（会社法381条2項、382条）。このような観点からすると、甲が「監査役室のスタッフに指示して調査させ、上場審査に提出されている書類が虚偽であるという証拠をつかみ、これを取締役会に提出して虚偽上場申請を止めるように進言した」のは、甲の善管注意義務

を十分に履行するものであり、調査是正措置（の努め）として十分であると考えられます。にもかかわらず他の役員がみなこれを聞き入れなかったという以上、通報対象事実（虚偽書類による上場申請）がなお生じていることは明らかですので、甲が行った厚生労働省への2号通報は適法な公益通報であり、甲はA社に対し、解任による損害の賠償請求ができますし、A社から甲に対する損害賠償請求は違法ということになります。

　では、甲が調査をして証拠はつかんだものの、乙に対して個別的にメールを送信し、違法行為を止めるよう促したにとどまる場合はどうでしょうか。確かに、いきなり取締役会に報告すると、社内への影響が大きいので、まずはこうしたところから是正行為を試みてみるという場合が現実的かもしれません。しかし、2号通報の要件としての調査是正措置という観点からすると、こうした行為のみで足りるとは考えられません。というのも、監査役が違法行為等を発見した場合には遅滞なく取締役会に報告することは会社法上明文で規定された義務であり（会社法382条）、実際に個別メールだけでは乙は忠告に従わないかもしれませんが、取締役会に報告すれば、他の役員から注意されるなどして、乙が是正に応じる可能性は十分に考えられるからです。したがって、取締役会への報告を怠った場合には（仮に報告をしても他の役員が聞く耳を持たないことは確実であるとか、あるいは報告の時間的余裕がない差し迫った場合などは別論）甲の厚生労働省への通報は2号通報の要件を満たさず、甲は公益通報者としての保護を受けられないということになるでしょう。

　ただ、一般論としてはこのように言えるとしても、例えば、日頃からA社では全役員が代表取締役である甲の言いなりであり、取締役会が形骸化していて、むしろ甲に直接伝えたほうが効果的であると思われる場合もあるかもしれません。問題となっている

第3章　公益通報者である役員が保護される内容

調査是正措置は、公益通報者保護法上の概念ですから、調査是正措置として十分かどうかを判断するための善管注意義務履行の程度も通報対象事実の重大性その他の個別事案の事情に鑑みれば、会社法上のそれよりも緩和して考えられる余地があるかも知れません。

Q23 役員による3号通報が認められる場合

設例 Q21の設例〔p. 72〕において、甲が、監査役室のスタッフに指示して調査させ、上場審査に提出されている書類が虚偽であるという証拠をつかみ、これを取締役会に提出して虚偽上場申請を止めるように進言したものの、乙をはじめ他の役員がこれを聞き入れなかった。それだけでなく、①「乙が担当者に対し、虚偽書類作成の証拠になるものをすべて廃棄するように指示しているという情報を監査役室のスタッフから聞いていた場合」に、甲が知り合いの新聞記者に通報した、という場合はどうか。①の状況はないものの、②「甲からの上記取締役会への報告の際、乙から、

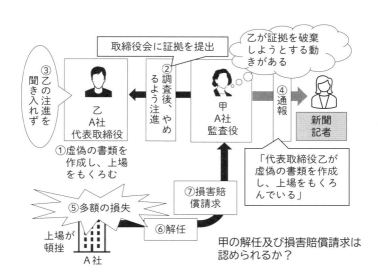

79

第3章　公益通報者である役員が保護される内容

『このことは絶対外部に漏らさないように』と言われた場合」に、甲が知り合いの新聞記者に通報した、という場合はどうか。

解　説

　知り合いの新聞記者への通報ですから、3号通報の問題ということになります。役員が3号通報で公益通報者となるためには、緊急避難的状況がない限り調査是正措置をとろうと努め、それでもなお通報対象事実が生じ、又はまさに生じようとしていると信ずるに足りる相当の理由があることに加え、

（イ）　1号通報または2号通報をすれば解任、報酬の減額その他不利益な取扱いを受けると信ずるに足りる相当の理由があること
（ロ）　1号通報をすれば通報対象事実に係る証拠が隠滅され、偽造され、または変造されるおそれがあると信ずるに足りる相当の理由があること
（ハ）　役務提供先から1号通報や2号通報をしないことを正当な理由がなくて要求されたこと

のいずれかの事情があることが必要であるとされています（法6条3号イ(1)～(3)）。
　この点、「乙が担当者に対し、虚偽書類作成の証拠になるものをすべて廃棄するように指示しているという情報を監査役室のスタッフから聞いていた場合」というのは、仮に1号通報をすれば、乙が通報対象事実に係る証拠を隠滅するおそれがあると信ずるに足りる事情ということができるので、上記（ロ）に当たります。したがって甲の知り合いの新聞記者への通報は、3号通報の要件を満

たし、甲はＡ社に対し、解任による損害の賠償請求ができますし、Ａ社から甲に対する損害賠償請求は違法ということになります。

　他方、「甲からの上記取締役会への報告の際、乙から、『このことは絶対外部に漏らさないように』と言われた場合」はどうでしょうか。「外部に漏らさないように」の「外部」は、２号通報の通報先である行政機関と、３号通報の通報先であるマスコミ等の両方を含むものと解されますので、上記㈗の、２号通報をしないことを要求された場合に当たると考えられます。また、「正当な理由なく」ですが、これは例えばすでに社内で調査是正措置が進んでいて、改めての通報の必要がない場合等を指すと考えられるところ、本件ではこのような事情もないので、２号通報をしないように求めることについて正当な理由があるとも考えられません。したがってこの場合も甲の知り合いの新聞記者への通報は、３号通報の要件を満たし、甲はＡ社に対し、解任による損害の賠償請求ができますし、Ａ社から甲に対する損害賠償請求は違法ということになります。

　ここで注意すべきは、上記㈗は、３号通報をしないよう求められたことは事情として含めていない点です。これはなぜでしょうか。役務提供先である会社等に法令違反行為等があれば、是正措置をとるべきことは当然ですが、とはいえ３号通報がされてしまうと、法令違反行為等が広く社会一般に知られてしまい、会社等は大きなダメージを受けることになってしまい、このようなダメージは、内部通報である１号通報や行政機関への通報である２号通報とは状況がかなり異なるのが通常と考えられます。そのため、役務提供先が、３号通報をしないよう求めること自体は制限するのは相当でないと法は考えたのでしょう。こうした事情は、上記㈘についても同様です。

第4章

体制整備①
──内部通報窓口担当者の実務──

本章からは、内部通報体制の整備に関する留意点を説明していきます。まず、内部通報窓口担当者の実務における留意点です。

Q24 窓口担当者の利益相反

設 例　公益財団法人Aで内部通報窓口を担当する職員甲のところへ、別の男性職員乙が部下の丙にセクハラをしているという内部通報があった。実は、甲は最近丙と交際していた。甲はこのセクハラの事案の調査を担当することができるか？

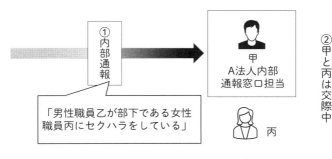

甲は乙のセクハラ行為について調査を担当することができるか？

第４章　体制整備①──内部通報窓口担当者の実務

解　説

　指針第４の１⑷は、「公益通報対応業務における利益相反の排除に関する措置」として、「内部公益通報受付窓口において受け付ける内部公益通報に関し行われる公益通報対応業務について、事案に関係する者を公益通報対応業務に関与させない措置をとる。」と定めており、この趣旨について指針解説第３Ⅱの１⑷②及び③は、「内部公益通報に係る事案に関係する者が公益通報対応業務に関与する場合には、中立性・公正性を欠く対応がなされるおそれがあり（内部公益通報の受付や調査を行わない、調査や是正に必要な措置を自らに有利となる形で行う等）、法令の遵守を確保することができない。少なくとも、内部公益通報受付窓口に寄せられる内部公益通報については、実質的に公正な公益通報対応業務の実施を阻害しない場合を除いて、内部公益通報に係る事案に関係する者を公益通報対応業務から除外する必要がある。」とし、「内部公益通報に係る事案に関係する者」は、「公正な公益通報対応業務の実施を阻害する者をいう。典型的には、法令違反行為の発覚や調査の結果により実質的に不利益を受ける者、公益通報者や被通報者（法令違反行為を行った、行っている又は行おうとしているとして公益通報された者）と一定の親族関係がある者等が考えられる。」としています。

　そもそも、セクハラの通報は、一定の場合を除いて公益通報者保護法上の公益通報には当たりませんが、その処理に当たって、中立性・公正性が要求されることはいうまでもありません。本件で、丙と交際している甲は、丙のセクハラ被害について、「公正な公益通報対応業務の実施を阻害する者」と言えるでしょうか？確かに、丙と交際している甲については、丙を被害者とするセクハラ通報の調査について、**私情を交えた、その意味で中立的でない**

84

調査をする可能性は否定できません。ただ、交際関係は、業務に支障を及ぼすようなものでない限り、業務外の私的生活に属することであって、勤務先に報告しなければならない事項ではない以上、これを理由に、**甲に通報処理業務を回避する法的義務があるとまでいえるかは疑問**があります。

　もっとも実務的には、他に通報処理担当者が存在するのであれば、（理由を明かさずとも）甲が自主的に業務の交代を申し出ることが望ましいと言えるでしょう。

第4章　体制整備①——内部通報窓口担当者の実務

Q25　子会社社員からの通報

設　例　製薬会社A社で内部通報窓口を担当する甲は、子会社B社の社員乙から、上司からのパワハラに関する通報を受けた。甲はこれを処理する際どのような点に留意すべきか。

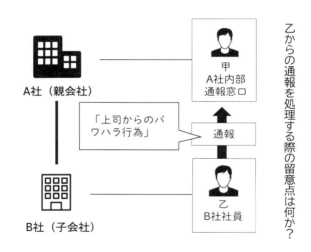

解　説

　まず、前提として、B社自体が内部公益通報窓口を設けている（弁護士等への外部委託を含む）かどうかが問題となります。もし、B社が自社の内部公益通報窓口を、親会社であるA社の窓口に指定している場合、乙は、規程どおりにA社の窓口に通報してきたわけですから、甲は所定の手続に従って処理することになりま

86

す。他方、そうではなく、B社において自社の内部公益通報窓口が設けられている場合はどうでしょうか。この場合、甲は、A社窓口は本来の通報先ではないとして、通報を受け付けないことは可能でしょうか。A社は、乙にとっては、「役務提供先」ではありませんので、乙の通報は、公益通報者保護法上は、公益通報ではありません。しかし、**役務提供関係（雇用関係）がないからといって、放置しておいてよいものでしょうか。**

　この点、最高裁平成30年２月15日判決（裁判集民事258号43頁）は、Yの子会社の契約社員としてYの事業場内で就労していたXが、同じ事業場内で就労していた他の子会社の従業員Aから、繰り返し交際を要求され、自宅に押し掛けられるなどしたことについて、Yに対し、グループ内部通報制度等を整備していたのだから相応の措置を講ずるべきだったとして、債務不履行又は不法行為に基づき損害賠償を求めたという事案で、

　「上告人は、本件当時、本件法令遵守体制の一環として、本件グループ会社の事業場内で就労する者から法令等の遵守に関する相談を受ける本件相談窓口制度を設け、上記の者に対し、本件相談窓口制度を周知してその利用を促し、現に本件相談窓口における相談への対応を行っていたものである。その趣旨は、本件グループ会社から成る企業集団の業務の適正の確保等を目的として、本件相談窓口における相談への対応を通じて、本件グループ会社の業務に関して生じる可能性がある法令等に違反する行為（以下「法令等違反行為」という）を予防し、又は現に生じた法令等違反行為に対処することにあると解される。これらのことに照らすと、本件グループ会社の事業場内で就労した際に、法令等違反行為によって被害を受けた従業員等が、本件相談窓口に対しその旨の相談の申出をすれば、上告人は、相応の

対応をするよう努めることが想定されていたものといえ、上記申出の具体的状況いかんによっては、当該申出をした者に対し、当該申出を受け、体制として整備された仕組みの内容、当該申出に係る相談の内容等に応じて適切に対応すべき信義則上の義務を負う場合があると解される。」

と判示しました。

つまりこの判例は、親会社が子会社からの通報も親会社で受け付けるグループ内部通報制度を設けていた場合には、**親会社は、直接の雇用関係がない子会社従業員の通報者に対しても、通報の内容に応じ適切に対応すべき信義則上の義務を負う場合がある**、としたものです。本件では今、このグループ内部通報制度がない場合を問題にしているわけですので、このような信義則上の義務も問題にならないという考え方もあり得るでしょう。

しかし、上記判例の判旨からも推察できるとおり、この判旨は、親会社が負うグループ内部統制整備義務（会社法施行規則100条1項5号参照）の考え方をもとにしていると考えられます。とすれば、仮にグループ内部通報制度を採用していないとしても、子会社従業員が、自社の通報窓口でなく、あえて親会社窓口に通報してきたという事情からすると、単にその子会社のみならず、グループ全体のリスクを含む通報かもしれませんので、一刀両断に「窓口ではない」という理由で受け付けないことは、場合によっては（例えば製品の品質偽装や子会社経営陣の不正等）グループ内部統制の運用が適切でないものとして、親会社役員の善管注意義務違反にもつながりかねません。

したがって、甲は、乙の通報内容をよく検討した上で、上司、場合によっては監査役や社外取締役にも相談し、Ａ社で処理するか、それともＢ社の窓口に通報するよう乙に説示するか、適切に

対応する必要があるでしょう。

　また、B社が、内部通報窓口をA社の窓口の利用や外部委託を含め、そもそも設けていない場合は、A社で通報を処理する法的根拠がないため、その旨乙に伝え、その了解を得た上で、甲からB社の監査役や社外取締役等、業務執行ラインから独立性を有する役員に、引き継ぎ、乙の秘密を守りつつ適切に処理するよう申し入れるのがよいと思われます。

第4章 体制整備①——内部通報窓口担当者の実務

Q26 処分軽減等を取引材料にした通報

設 例　製薬会社A社での内部通報窓口担当者甲に、匿名で、「これまで上司の指示で、新薬の治験のデータを改ざんしていた。もし自分の処分を軽くしてくれるのであれば、これを全部通報したい。」と言われた。甲はどうしたらよいだろうか？
　この通報者が、データ改ざんには関与しておらず、たまたまそれを知った者で、「知らせた場合には特別ボーナスを支給してくれるのであれば、通報する。」と言われた場合にはどうか。

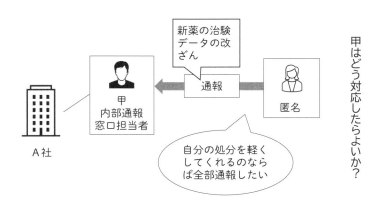

解　説

　自己のコンプライアンス違反行為を申告した場合に、状況を勘案して、一定程度懲戒処分を軽くする（あるいは軽くすることがで

90

きる）旨（いわゆる社内リニエンシー制度）を就業規則等に定めている企業は珍しくないと思います。指針解説第3Ⅱ1(3)④にも、「法令違反等に係る情報を可及的速やかに把握し、コンプライアンス経営の推進を図るため、法令違反等に関与した者が、自主的な通報や調査協力をする等、問題の早期発見・解決に協力した場合には、例えば、その状況に応じて、当該者に対する懲戒処分等を減免することができる仕組みを整備すること等も考えられる。」とされ、そのようなプラクティスが推奨されています。

　A社がすでにそのような内部規則を定めているか、明らかでありませんが、いずれにしても、甲としては、安易に処分の軽減を約束するのでなく（通常はそのような権限もないでしょう）、まずは、そのような処分の軽減が可能かどうか、上司に確認するなどとして、通報者から時間の猶予を得た上、早急に上司に相談すべきでしょう。

　なお、法2条1項柱書は、「不正の利益を得る目的、他人に損害を加える目的その他の不正の目的」でないことを公益通報の要件としていますが、このように処分の軽減を得たいという希望は、社内規程に社内リニエンシーが定められている場合はもちろん、そうでない場合でも、就業規則はじめ関連する社内規程の解釈として、社内リニエンシー的な取扱いをすることが認められていないとは言えないのであれば、ただちに不正の目的に当たるとまではいえないと考えられます。違反者でない通報者が特別ボーナスの支給を求めることも、上記と同様に考えられます。

第4章 体制整備①──内部通報窓口担当者の実務

Q27 内部通報窓口担当者による適切な対応

設 例　中堅電機製品メーカーであるＡ社の内部通報窓口に、製品工場に勤務する派遣社員の甲から「半年前から上司である乙からパワハラを受けており、精神的に不安定になっている。」とのメールが送信されてきた。

窓口担当者の丙は、「直ちに調査を開始する」との返事を打ち、当該メールの内容に基づき、調査を開始したが、職場の社員からのパワハラの現場目撃といった客観的な証拠もなかなか得られず、また、乙本人もパワハラの事実を否定したため、調査は難航した。むしろ、この調査を行ったことによって、甲がうその通報をして乙を陥れようとしているとの噂が社内で広まってしまい、甲は退職をせざるを得なくなった。

甲は内部通報窓口の対応がずさんだったため退職を余儀なくされたとして、Ａ社に対して損害賠償訴訟を提起した。

丙の対応はどこに問題があったか。どのように対応すべきであったか。

解 説

公益通報を含む内部通報に関する調査は、通報対象事実に関する証拠を収集することが目的であり、証拠は、一般的に言って、対象事実との関連性が同程度であれば、客観的なものであるほどその価値が高いということができます。ここでいう客観的とは、行為者（通報対象者）の調査時点の供述（自白、自認）以外のものという意味です。その意味で丙が通報対象者である乙本人でな

92

Q27　内部通報窓口担当者による適切な対応

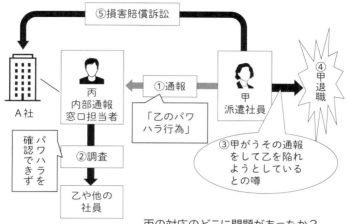

丙の対応のどこに問題があったか？

く、周辺の職員に対してヒアリングを行い、目撃等の供述を得ようとしたことは間違いではありません。

　しかし、さしたる当てもなく、やみくもにこのようなヒアリングを行うのでは、通報自体の情報が拡散する危険性が高く、最悪の場合、本件のように、通報者に迷惑が及ぶことになります。さらに通報対象者本人のヒアリングを行う場合には、仮に本人が認めようとしなかった場合、それでも他の証拠で通報対象事実を認定できる可能性があるか、あるいは他の証拠を突きつけることによって、認めさせることができるか、さらには、最終的に認めなかった場合、通報の件自体についてどのような着地点を見出すことができるか、をきちんと整理し、綿密な計画を立てて臨むべきであって、本件の担当者の調査のやり方は、いかにも疎漏の誹りを免れ得ないものと思われ、甲からの訴訟において、丙の過失及びA社の使用者責任が認められる可能性は否定できないと思われます。

第4章　体制整備①──内部通報窓口担当者の実務

　このように**被害者のある通報において、通報対象事実について証拠のありかを最もよく知っているのは、被害者自身という場合が多い**といえます。つまり、自分に対するパワハラ現場を誰が見ていたとか、誰に相談したことがあるとか、対象者からの内容的にパワハラに当たるメールや、場合によっては録音を保有していることもあるでしょう。したがって、**被害者のある通報対象事実の調査については、何よりも、被害者のヒアリングを念入りに行うことから始めるべき**であり、そうしているうちに、そもそも被害者の申立てが根拠のあるものかどうか、ある程度の値踏みができてくるものです。

　以上のとおり、本件における丙の対応は担当者の実務として大きな「？」が付されるべきです。このような実務が蔓延してしまうと、社内の通報制度それ自体が信頼を失墜してしまうことになりかねません。どのような人材に担当させるか、その教育をどのようにしていくかなどが大きな経営課題であることが見て取れます。

Q28 意見を求める通報

設例 テレビ放送会社Ａ社の内部通報部門の担当者甲のところに、番組制作部門のある従業員から、「毎日12時から13時は休憩時間とされているのに、実際はセットの片づけなどの仕事をやらされている。これは労働基準法違反ではないか。解決は労働組合にお願いするが、会社としてどう考えているのか、労組に伝えるので見解だけを聞かせてもらいたい」という問い合わせがあった。甲はどう対応したらよいか？ その従業員から、「社外窓口は弁護士がやっていると聞いた。弁護士だったら、会社にどう対応すればいいかアドバイスしてくれるだろうから、社外窓口の弁護士に相談しようと思うがどうか」と聞かれたらどう答えればよいか？

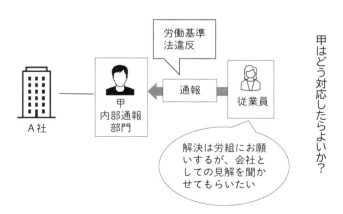

第4章　体制整備①──内部通報窓口担当者の実務

解　説

　通報者は、「会社としての見解」ということを尋ねているわけで
すが、もちろん内部通報担当者として、「こちらは通報を受け付け
て調査し、事実が認められた場合には是正活動をする部署で、会
社の見解をお伝えする部署ではありません。」というような対応を
してはなりません。内部通報制度の目的は、コンプライアンス違
反によって被害を被っている従業員の救済はもちろんですが、そ
れと同じくらい、**会社にとってのリスク情報を吸い上げ、その現実化
を防止する、ないしすでに現実化している場合でも、これを最小化す
る**ことで、会社を無用の損失から守ることにもあります。そのた
め、本件のように、解決は労働組合にお願いするつもりだが、会
社の見解だけを聞きたいとして通報してきた通報者についても、
時間外労働という労働基準法違反のリスク情報が含まれている以
上、積極的に調査を行うべきであり、そのために通報者への協力
を求めるべきです。

　ただし、通報者が労組に相談するという意向を明確に示してい
る以上、「内部通報部門で処理したいので、労組への相談は控えて
欲しい」など、これを制限ないし抑制するような言動をすること
は、従業員の組合活動をする権利を侵害することになるので、控
えるよう、注意すべきです。

　それでは、通報者の従業員から、社外窓口の弁護士に相談した
いと言われた場合はどうでしょうか？　もちろん弁護士の社外窓
口も窓口の一つですから、通報、相談をすることは問題ありませ
ん。ただ注意しなければならないのは、社外窓口の弁護士は、あ
くまで、通報しやすい環境を整えるための一環として、役務提供
先の会社が設置した窓口であって、通報・相談内容については、
通報者の秘密が守られるように配慮しつつ、その了解を得なが

ら、通報・相談内容を会社の公益通報対応部門に報告すること（及び当該報告した事案のその後について通報者にフィードバックを行うこと）が役割であり、報告後は、公益通報対応部門が事案に応じて調査・是正活動を行う（もちろん、必要に応じ調査・是正活動に社外窓口弁護士が連携・協力することはあります）ものであって、**社外窓口の弁護士は社員のための「法律相談窓口」ではない**ということです。もちろん、上記のような役割を前提としても、本問でいえば、相談者の従業員から聞いた事実関係を前提とする限り、残業代の未払いという法令違反の可能性がある、等の意見を一般論として言うことは問題ないでしょう。しかし、そのような一般論としての見解を超えて、例えば「こういう場合は会社に内容証明郵便を出したほうがいい」とか、「労組と連携したほうが効果的」など、通報者・相談者の側に立った具体的な法的アドバイスをすることはできません。社外窓口は弁護士業務としては会社を依頼者としているため、通報者に上記のような具体的な法的アドバイスを行うについては会社と利害が対立してしまうからです（弁護士職務基本規程42条参照）。通報者が上記のような具体的な法的アドバイスまでを望むのであれば、自ら、会社と利害対立のない弁護士に依頼するほかありません。甲としては、こういったことを相談者の従業員に注意的に言っておくことも考えられるのですが、内容が弁護士業務に関わる専門的な内容であり、言い間違いや誤解のリスクもあるため、こういう場合は社外窓口の弁護士に説明してもらうことを期待して、端的に社外窓口へ相談されるに任せ、不用意なことは言わないほうが賢明でしょう。

第4章　体制整備①——内部通報窓口担当者の実務

Q29　通報者の不安への対応

設例　ITシステム開発会社A社の内部通報部門の担当者甲に、ある従業員から、「パワハラの被害のことについて相談したいが、自分が相談したことが広まったり、仕返しをされたりしないか不安だ。パワハラは公益通報者保護法で保護されないと聞いているが、相談しても大丈夫なのか。」という質問があった。甲はどう対応すべきか？

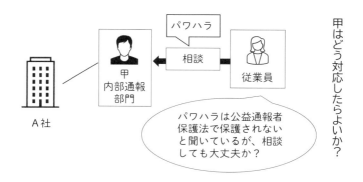

解説

　パワハラは、多くの場合には公益通報者保護法上の通報対象事実には当たらない場合が多いと思われますが、そうであっても、内部通報の対象としている以上、**通報したことを理由とする解雇や不利益処分は、労働法上違法とされる可能性が高く、会社の内部規則においては禁止されるべき**ものと思われます。

　甲としては、内部通報規程その他A社の内部規則を説明し、公

益通報者保護法上の通報対象事実でなくとも、パワハラのように
職場の倫理違反に該当する事項については内部通報の対象事項で
あり、(実際にそのような体制である限り)通報対象事実と同程度の
通報者保護体制をもって対応しているので、安心して相談しても
らいたい旨説明すべきものと考えられます。

第4章 体制整備①──内部通報窓口担当者の実務

Q30 調査・是正措置後の通報者の保護

設 例　A社内部通報部門に、セクハラについての通報があり、調査したところ、事実が認められたため、セクハラを行っていた管理職甲を降格するとともに、被害者である通報者乙と別のセクションに配置換えした。調査の過程で、甲は、通報者が乙であることは察するに至っており、通報者はこのことは了解していた。その後、乙が、甲から仕返しをされたりまた同じことをされるのが怖いので、甲の行動を監視してほしいと要望があった場合、どう対応すべきか？

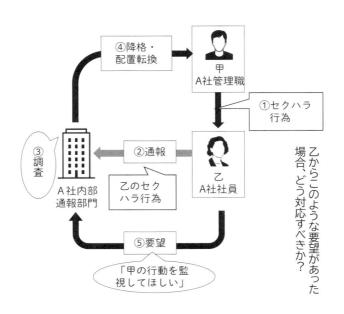

100

解　説

　内部通報制度の第一次的な目的は、通報事実の調査と是正にありますが、是正措置を講じた後、通報者（被害者）が同様の被害に遭っていないかチェックし、あるいは全社的に同様の事象が発生しないような再発防止策を講じる、いわば**アフターケア**も同じく重要な目的です。

　セクハラについては直接適用されるわけではありませんが、指針第4の1(3)が、「是正に必要な措置をとった後、当該措置が適切に機能しているかを確認し、適切に機能していない場合には、改めて是正に必要な措置をとる。」と規定していることが参考になるでしょう。本件で、甲を配置換えしたことは、是正措置に含まれる再発防止策の一環ですが、乙の要望があればもちろん、なくても、上記指針の内容からすればこのようなアフターケアの一環として、乙に対する仕返しや、同様の行為が繰り返されていないかチェックし、適宜、乙に報告することが必要でしょう。

第4章 体制整備①――内部通報窓口担当者の実務

Q31 上司への通報

設例　アパレル会社A社で営業部の社員甲は、上司である課長の乙から、近々行われる予定の航空会社の乗務員の制服の入札に関して、ライバル会社の担当者らが集まる会合に参加して受注調整をするように指示された。甲はこれは独禁法違反のカルテルになると思ったので、乙の上司の部長の丙に通報した。この場合丙は、改めて内部通報部門への通報をすべきか？

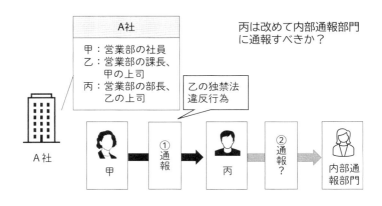

解説

　法2条1項柱書は、内部公益通報の通報先を、「役務提供先若しくは役務提供先があらかじめ定めた者」としています。このうち、「役務提供先」については、「当該通報者の役務提供先の事業者を指すが（略）、その団体の代表者や個人事業主本人のほか、通報対象事実について権限を有する管理職、当該通報者の業務上の

102

指揮監督に当たる上司等の従業員も含まれる。」、「例としては、事業者が設けている通報窓口（ホットライン等）、相談窓口、コンプライアンス部門などに加え、当該通報者の上司、当該問題の責任者などが含まれる。」とされています[1]。

　つまり、**通報者甲の上司（「上司の上司」）である丙は、「役務提供先」に含まれます**。したがって、甲の丙に対する通報は、内部公益通報に当たり、丙は、甲からの公益通報を適切に取り扱う必要があります（法的には、丙が役務提供先であるＡ社の従業員として負っている、雇用契約上の法令遵守義務ないし忠実義務に根拠が求められるでしょう）。指針解説第３Ⅱ３(1)③も、組織内において指揮監督権を有する上長等に対する報告系統を「**職制上のレポーティングライン**」と呼び、職制上のレポーティングラインにおける報告（いわゆる上司等への報告）やその他の労働者等及び役員に対する報告についても内部公益通報に当たり得るとしています。とはいえ、丙自身が調査、是正活動を行うことは、社内組織における権限分配上も、また（おそらくは）スキルの面からいっても適切でなく、**丙としては、この通報を内部通報窓口に引き継ぐことが適切な対応である**と考えられます。

　ただし、甲がもともと、内部通報窓口ではなく、丙に通報したことについては何か理由がある（例えば、窓口の関係者が通報事実に関係している、など）かもしれませんので、内部通報窓口に引き継ぐことについて先に甲の意見を聴くことが適切であると考えられます。そして、もし、丙としても甲が内部通報窓口への引き継ぎに支障があるという場合には、丙としては、監査役や、（公益通報担当の）社外取締役など、客観的立場のある役職員に相談するのがよいと考えられます。

---

1)　消費者庁逐条解説　70-71頁

第4章 体制整備①——内部通報窓口担当者の実務

Q32 通報者が調査に協力しない場合

設例 Q31の設例〔p.102〕において、丙は甲からの通報を監査役の丁に引き継いだが、甲は監査役からの調査には協力しない態度を示した。丁は調査を継続することができるか。

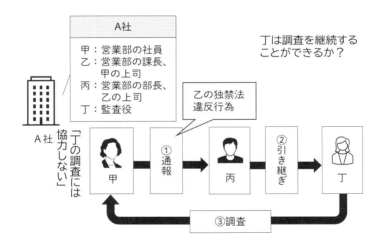

解説

内部公益通報制度は、事業者が内部でリスク情報を収集し、自浄作用によって事業者のコンプライアンス体制を維持するための制度であって、通報者に通報事実の取扱いを委ねる制度ではありません。したがって、事業者が適法に通報を受け付けている限り、通報者が当該通報についての調査を希望しないとしても、調査を

104

することは可能であり、むしろ**コンプライアンス維持の観点からは、通報が明らかに事実でないと認められない限り、調査をすべきである**と考えられます。

　指針解説第3Ⅱ1(3)③も、「公益通報者の意向に反して調査を行うことも原則として可能である。公益通報者の意向に反して調査を行う場合においても、調査の前後において、公益通報者とコミュニケーションを十分にとるよう努め、プライバシー等の公益通報者の利益が害されないよう配慮することが求められる。」としています。

　以上述べたように、内部通報制度は、通報者に通報事実の取扱いを委ねるものではありません。相談にのった上司や役員が通報者の意思を忖度しつつ、そのプライバシーを極端に慮りすぎて、そこから先のアクションをとらない（伝えるべき情報を伝えるべき先に伝えない）という事案がまま見られるようです。これが行き過ぎれば、自浄作用によってコンプライアンス体制を維持するという制度趣旨が没却されてしまいます。

第5章

体制整備②
——公益通報対応業務従事者——

　この章では、令和2年改正で導入された、公益通報対応業務従事者について実務上問題となる点を見ていきます。

Q33	公益通報対応業務従事者の指定のあり方①

　設　例　　常時500人の従業員を抱えるA社は、コンプライアンス部において、公益通報を含む内部通報の窓口を設置していた。具体的には、担当者のデスクの電話及び業務用携帯電話に専用番号の回線がつながるようになっているとともに、専用メールアドレスに送信されたメールは担当者がすべて受信できるようになっていた。担当者は、コンプライアンス部長の甲、内部通報担当課長の乙の2名であった。甲又は乙が通報を受信した場合には、ただちに情報を共有の上、乙の部下である丙及び丁が、甲及び乙の指示を受けて、調査やその後の是正に関する業務を行うことになっていた。また、コンプライアンス担当の取締役戊は、毎週1回、甲からその週にあった通報の概要と調査の進捗について報告を受け、かつ、特に緊急を要する事案については即時に報告を受け、調査についても甲らを直接指揮する体制になっていた。そして調査によって通報事実ないしこれとは

違っていても何らかのコンプライアンス違反が認められた場合には、戊の指示の上、甲らが適宜分担して是正活動を行うことになっていた。

なお、通報者を特定させる情報については、甲及び乙のほか、戊にも報告されることになっていた。このような体制において、A社は誰を公益通報対応業務従事者として指定すべきであろうか？

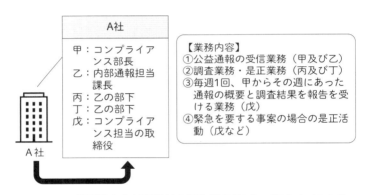

A社は誰を公益通報対応業務従事者として指定すべきか？

解 説

指針解説第３Ⅰ１③によれば、「内部公益通報の受付、調査、是正に必要な措置の全て又はいずれかを主体的に行う業務及び当該業務の重要部分について関与する業務を行う場合に、『公益通報対応業務』に該当する。」とされていますので、①公益通報の受信業務、②調査業務又は③是正業務のいずれかを、主体的に行うか、その重要部分を行う者が、④公益通報対応業務に関して公益通報者を特定させる事項を伝達される者であれば、公益通報対応業務

従事者であるということになります。そして、コンプライアンス部、総務部等の所属部署の名称にかかわらず、上記に該当する者であるか否かを実質的に判断して、従事者として定める必要があるとされています。

これを本事例についてみると、甲及び乙は①、丙及び丁は②及び③の業務を主体的に行う者であるということができます。また、調査、是正業務は、しっかりした指揮監督がなければ適正に行うことはできませんので、甲及び乙は、③の業務も、少なくともその重要部分を行う者であるということができます。したがって、甲、乙、丙、丁については、④も満たすのであれば、A社は公益通報対応業務従事者として指定しなければならないということになります。

この点、①の受付業務は、通常、通報者の特定事項の伝達を受けると思われますが、②の調査及び③の是正業務については、全員が通報者の特定事項の伝達を受けなければ実施不可能とまでは言えないと思われます。ただしそうは言っても、調査や是正業務を、主体的に行ったり、その重要部分を行うのであれば、通報者の特定事項の伝達を受けなければ適正に行うことはできないと考えられます。

そのため、**通常であれば、公益通報対応業務を行う甲、乙、丙、丁については、公益通報対応業務従事者の指定をすべきである**と考えられますし、もし、それでも「通報者の特定事項の伝達を受けることがない」という理由で指定しないのであれば、そのことについてしっかりとした情報管理体制を構築しておく必要があると考えられます。

戊は、公益通報対応業務について全体的な指揮権、監督権を有していますが、個別の通報について、①～③の業務を主体的に、又は重要部分を行うとまでは言えないため、**公益通報対応業務従**

第5章　体制整備②──公益通報対応業務従事者

事者として指定する必要はないと考えられます。ただし、個別の通報の調査、是正活動について、戊が具体的な指示、監督を行う場合であって、戊にも通報者の特定事項が伝達される必要がある場合には、当該通報に関して、戊を従事者に指定する必要があります。指針解説第3Ⅰ1③は、このように、必要が生じた都度、個別に従事者に指定することを認めています。

Q34 公益通報対応業務従事者の指定のあり方②

設例　Q33の設例〔p.107〕において、A社はどのような方式で従事者を指定する必要があるか。また、A社は、B弁護士法人に所属するC弁護士に公益通報の外部窓口を委託しているが、これについても従事者として指定する必要があるか？　必要がある場合、B弁護士法人を従事者として指定することができるか？

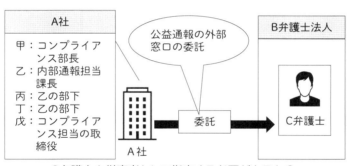

・C弁護士を従事者として指定する必要があるか？
・B弁護士法人を従事者として指定することができるか？

解説

　指針第3の2は、従事者の定め方について、「事業者は、従事者を定める際には、書面により指定をするなど、従事者の地位に就くことが従事者となる者自身に明らかとなる方法により定めなければならない。」としており、これを受けて指針解説第3Ⅰ2③は、「従事者に対して個別に通知する方法のほか、内部規程等にお

いて部署・部署内のチーム・役職等の特定の属性で指定すること
が考えられる。後者の場合においても、従事者の地位に就くこと
を従事者となる者自身に明らかにする必要がある。」としていま
す。

　したがってＡ社は、甲、乙、丙、丁に対し、文書（辞令等）を
交付することにより従事者として指定するか、あるいはこれらの
者の役職にある者は従事者として指定する旨、内部通報規程等の
内部規程で定めることにより指定することになります。もちろ
ん、後者の場合は、別途文書やメールを送付する等、そのように
定められた旨を甲、乙、丙、丁が知る措置を講ずる必要がありま
す。

　また、公益通報対応業務を行い、かつ、通報者を特定する情報
を伝達される限り、従事者として指定する必要があり、これは外
部窓口の委託先も例外ではありません。指針解説も、「従事者を事
業者外部に委託する際においても、同様に、従事者の地位に就く
ことが従事者となる者自身に明らかとなる方法により定める必要
がある。」としています。したがってＢ弁護士法人のＣ弁護士に
ついてもこれに該当するのであれば（通常該当すると思いますが）、
指定する必要があります。そして、従事者については刑事罰の罰
則が定められていますが、刑事罰は、両罰規定等、特別の規定が
ない限り、自然人を対象とするものであり、法の罰則には特別の
規定がありませんので、**従事者については法人を指定することはで
きません**。したがってＡ社はＢ弁護士法人を従事者として指定す
ることはできず、Ｃ弁護士を指定する必要があります。

Q35 通報に関する情報の漏洩

| Q35 | 通報に関する情報の漏洩 |

設 例 　Q33の設例〔p. 107〕において、コンプライアンス部に、A社営業部の社員Bから、丙の同級生で親友である社員Cが行っていた横領行為の内部通報があった。丙はこの情報の共有を乙から受けたが、丙がCは自分の同級生で親友であることを乙に告げたところ、乙は初期的調査のチームから丙を外した。しかし丙はCが横領に手を染めているとの情報に接したことに思い悩み、ある日勤務時間終了後、同じく大学時代の同級生で親友のDと居酒屋で飲食していた際、「ここだけの話だから」としてCに関する通報のことを話し、友人としてどうしたらよいか相談した。丙が通報の情報をDに話したことにより丙は処罰されるか？なおA社では甲、乙及び丙が公益通報対応業務従事者に指定されていた。また、Cに関する通報が、横領行為ではなく、部下女性社員をしつこくデートに誘っているというセクハラ通報であった場合にはどうか？

解 説

　法12条は、公益通報対応業務従事者について、「正当な理由がなく、その公益通報対応業務に関して知り得た事項であって公益通報者を特定させるもの」を漏らしてはならない、と規定しており、これの違反については、法21条により、30万円以下の罰金の罰則が設けられています。丙がDに対して話してしまったCに関する通報のことは、「公益通報対応業務に関して知り得た事項」で

113

第5章　体制整備②——公益通報対応業務従事者

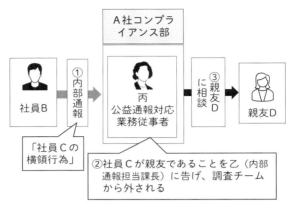

丙がDに話したことは処罰されるか？
また通報内容がセクハラだった場合にはどうか？

はあり、かつ、丙は調査チームから外されたとはいえ、従事者として指定されていますから、丙がDに話してしまったことは罰則の対象となると言わざるを得ません。

　なお、指針の第4の2(2)は、事業者に、「範囲外共有等の防止に関する措置」をとることを義務付けました。「**範囲外共有**」とは、「公益通報者を特定させる事項を必要最小限の範囲を超えて共有する行為」であり、「範囲外共有等の防止に関する措置」とは具体的には、「イ　事業者の労働者及び役員等が範囲外共有を行うことを防ぐための措置をとり、範囲外共有が行われた場合には、適切な救済・回復の措置をとる。」、「ロ　事業者の労働者及び役員等が、公益通報者を特定した上でなければ必要性の高い調査が実施できないなどのやむを得ない場合を除いて、通報者の探索を行うことを防ぐための措置をとる。」、「ハ　範囲外共有や通報者の探索が行われた場合に、当該行為を行った労働者及び役員等に対して、行為態様、被害の程度、その他情状等の諸般の事情を考慮し

て、懲戒処分その他適切な措置をとる。」というものです。

　このハにあるように、事業者には、指針により、範囲外共有を行った労働者及び役員等に関し、懲戒処分その他適切な措置をとることが義務付けられています。仮に丙が従事者でない場合であっても、丙がＣに関する通報のことを社外者であるＤに話したことは、明らかに範囲外共有に該当します。また、丙は、通報内容を知った後、調査チームから外れていますが、このことは、範囲外共有禁止の解除を意味するものではありません。したがって、丙は範囲外共有を行ったことについて、懲戒処分等の対象となります。

　それでは、Ｃに関する通報が、横領行為ではなく、部下女性社員をしつこくデートに誘っているというセクハラ通報であった場合にはどうでしょうか？

　「しつこくデートに誘う」という行為は、確かに、相手に不快感や困惑を与え、セクシャルハラスメントに該当し得る行為ではありますが、もちろん態様にはよるものの、ただちに罰則の対象である法令違反行為となるわけではないので、公益通報者保護法上の通報対象事実にまではならない場合が多いと思われます。そのような場合には、指針上の範囲外共有禁止の対象にはなりません。ただし、そうではあっても、大半の事業者の社内規程において、セクハラ行為は内部通報の対象になっており、セクハラ行為の内部通報の情報を漏らすことは、懲戒処分等の対象となっていることが通常であると思われます。そのような場合には、丙に対しては懲戒処分等がなされることになるでしょう。

第5章 体制整備②──公益通報対応業務従事者

Q36 調査における通報に関する情報の管理

設 例　Q33の設例〔p. 107〕において、コンプライアンス部に、広報部の女性社員丁から通報が寄せられた。内容は、以前から親しくしていた営業部の男性社員Bを含む数名の男性社員と、近々退職する丁の送別会で飲みに行って酔っぱらってしまい、気がつくとBの自宅に連れ込まれていてBから性的暴行を受けたというものであった。乙は、丁から詳しく話を聞く必要があると思ったが、事案が事案なため、男性である自分だけで話を聞くのは適切でないと思い、たまたま丁の上司で広報部長の戊が女性であったため、今後丁の心身への配慮も必要と考えられることから、戊と一緒に話を聞くことにした。この場合、乙は、戊に協力を要請するに際し、丁が被害者であるだけでなく、通報者であることまで話してよいか。

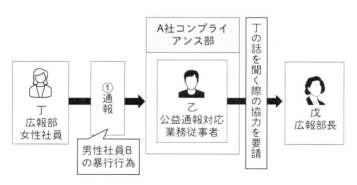

乙は、戊に協力を要請するに際し、丁が被害者であるだけでなく、通報者であることまで話してよいか？

116

Q36　調査における通報に関する情報の管理

解　説

　Q35〔p.113〕の解説で述べたように、法12条は、公益通報対応業務従事者について、「正当な理由がなく、その公益通報対応業務に関して知り得た事項であって公益通報者を特定させるもの」を漏らしてはならない、と規定しており、これの違反については、法21条により、30万円以下の罰金の罰則が設けられています。この規定からわかるように、**「正当な理由」があれば、公益通報者を特定させる情報を漏らしたとしても罰則の対象とはなりません**。この「正当な理由」について立案担当官は、「『公益通報者を特定させる事項』を漏らす行為に違法性がないと考えられる場合を意味し、例えば、公益通報者本人の同意がある場合や法令に基づく場合が該当する。また調査等に必要である範囲の公益通報対応業務従事者間で情報共有する場合も、『正当な理由』に該当する。」としています。そのため、乙から事前に丁に対し、「女性社員の戊にヒアリングに同席してもらいたいと思っているので、あなたから通報をいただいたことを戊と共有してよいか」と尋ね、同意をもらった場合や、戊も公益通報対応業務従事者に指定されている場合には、戊と情報共有することは「正当な理由」がある場合に該当します（戊が従事者に指定されていない場合、どのような場合に指定すべきと考えられるかについては、Q37〔p.119〕参照）。さらに、立案担当官は、「調査是正措置の実施に際し、非公益通報対応業務従事者（例えば、通報対象事実に係る業務執行部門の関係者等）に対し公益通報があったことも含めて公益通報者を特定させる事項を伝えなければ、調査是正措置を実施することができない場合も、『正当な理由』に該当する。例えば、ハラスメント事案において刑法犯等に該当する行為が行われたため、当該ハラスメント事案の通報が公益通報に該当する場合等において、公益通報者が通報対象事

117

実に関する被害者と同一人物である等のために、調査等を進める
上で、公益通報者の排他的な特定を避けることが著しく困難であ
り、当該調査等が法令違反の是正等に当たってやむを得ないもの
である場合には、『正当な理由』が認められるといえる。」として
います。本問の戊への情報共有の必要性は、まさに上記立案担当
官が「正当な理由」が認められる場合の例として挙げているもの
に合致すると考えられます[1]。乙が、丁の心身に配慮しつつ調査
等を行っていく上で、丁の上司で同性でもある戊の協力は不可欠
と考えられ、そのためには、戊に対し、丁が公益通報するに至っ
た経緯について情報共有をすることは必要と考えられ、「正当な
理由」が認められるということができるでしょう。

---

1) 消費者逐条解説 236-237頁

Q37 公益通報対応業務従事者の指定のあり方③

設例 従業員数500人の電機メーカーA社では、総務部のコンプライアンス室が内部通報制度を所管しており、室長の甲と社員の乙が公益通報対応業務従事者に指定されていた。営業部の社員丙から、同部の部長丁が、部の交際費を私的な遊興に使い込んでいるとの通報が寄せられたため、甲、乙において丁の交際費の使用状況を調査したところ、その疑いが濃厚になってきた。そこで甲、乙は、丁へのヒアリングを行おうと考えたが、丁は普段から気位が高く、甲、乙より入社年次も上なため、彼らが正面からヒアリング要請をしたのでは丁が反発してうまくいかなくなることを危惧し、他社の社長OBでA社の社外取締役である戊をヒアリングに同席してもらおうと考えた。この場合、戊は公益通報対応業務従事者に指定されることが必要か？

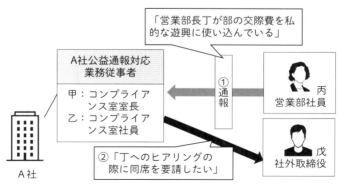

戊は公益通報対応業務従事者に指定されることが必要か？

第5章　体制整備②——公益通報対応業務従事者

解　説

　令和2年改正により、法は「事業者は、第三条第一号及び第六条第一号に定める公益通報を受け、並びに当該公益通報に係る通報対象事実の調査をし、及びその是正に必要な措置をとる業務（次条において「公益通報対応業務」という。）に従事する者（次条において「公益通報対応業務従事者」という。）を定めなければならない。」（法11条1項）と規定し、常時使用する労働者の数が300人を超える事業者については、公益通報対応業務従事者を置く義務を課しました。指針第3の1では、「内部公益通報受付窓口において受け付ける内部公益通報に関して公益通報対応業務を行う者であり、かつ、当該業務に関して公益通報者を特定させる事項を伝達される者」を公益通報対応業務従事者とし、指針解説第3のⅠ(1)③では、

・内部公益通報の受付、調査、是正に必要な措置の全て又はいずれかを主体的に行う業務及び当該業務の重要部分について関与する業務を行う場合に、「公益通報対応業務」に該当する。
・事業者は、コンプライアンス部、総務部等の所属部署の名称にかかわらず、上記指針本文で定める事項に該当する者であるか否かを実質的に判断して、従事者として定める必要がある。
・事業者は、内部公益通報受付窓口において受け付ける内部公益通報に関して公益通報対応業務を行うことを主たる職務とする部門の担当者を、従事者として定める必要がある。それ以外の部門の担当者であっても、事案により上記指針本文で定める事項に該当する場合には、必要が生じた都度、従事者として定める必要がある。

120

Q37　公益通報対応業務従事者の指定のあり方③

としています。

　このように、「公益通報対応業務」は、「内部公益通報の受付、調査、是正に必要な措置の全て又はいずれかを主体的に行う業務及び当該業務の重要部分について関与する業務を行う場合」に該当するとされるので、公益通報に関する業務に関与するにしても、それに主体的にないし業務の重要部分に関与するという場合でなければ、「公益通報対応業務」ではないため、それに従事する者を公益通報対応業務従事者に指定する必要はないということになります。これを本問について検討すると、戊が、単にヒアリングに当たって対象者である丁が反発しにくくするため、ないしその気持ちを和らげる等、いわば**ファシリテーター的に関与するに過ぎない場合**（甲、乙の質問に付随して質問をすることくらいは許されると考えられます）は、公益通報対応業務従事者に指定する必要はないと言えるでしょう。ただし、公益通報対応業務従事者でないと言っても、戊はＡ社の取締役ですから、その善管注意義務の一内容として業務上知った事項に関する守秘義務を負っており、丁へのヒアリングに際して知った事項を漏らしてはならない義務を負うことはいうまでもありません。これに対し、このようなファシリテーター的な関与にとどまらず、ヒアリング事項や役割分担を定め、主体的にヒアリングを進めることになった場合や、事案が明らかになった場合の丁に対する処分ないし再発防止策の策定等の是正活動にも関与することになった場合には、上記の定義に照らして公益通報対応業務ですので、社外取締役という戊の地位にも照らすと、従事者に指定するのがよいと考えられます[2]。

　なお、指針解説第３のⅠ１④では、

・必要が生じた都度従事者として定める場合においては、従事者の指定を行うことにより、社内調査等が公益通報を端緒として

121

第 5 章　体制整備②──公益通報対応業務従事者

いることを当該指定された者に事実上知らせてしまう可能性が
ある。そのため、公益通報者保護の観点からは、従事者の指定
をせずとも公益通報者を特定させる事項を知られてしまう場合
を除いて、従事者の指定を行うこと自体の是非について慎重に
検討することも考えられる。

と指摘されているとおり、公益通報対応業務従事者を随時に指定
するに当たっては、その必要性や指定される者の適性等は慎重に
検討すべきものでしょう。

---

2)　立案担当官は、「公益通報対応業務従事者を定めるよう求めることは、
公益通報対応業務従事者以外の者が公益通報対応業務に従事することを
禁止するものではない。すなわち、通常業務の一環として、労働者が身
近な上司や同僚等に通報対象事実について通報した場合は、当該上司や
同僚等が公益通報対応業務従事者として定められていない場合であって
も、公通報対応業務に含まれる公益通報を受ける業務に従事することは
可能であり、当該通報者は公益通報者として保護されることとなる。」と
しており（消費者庁逐条解説 228頁）、公益通報対応業務を行う者は、す
べからく従事者に指定されるべきとまでは考えられていません。従事者
については、罰則付きの守秘義務が課されている（法12条、21条）こと
に鑑み、公益通報対応業務に関与する者の中における職責の重さの程
度、なかんづく通報者に関する情報はじめ各種情報管理における責任を
負担すべきと考えられる者については従事者への指定を考えるべきで
しょう。

122

Q38 内部通報体制のあり方

設例　常時従業員350人を抱え、飲食業チェーンを経営するA社は、内部通報窓口を設置することとした。A社は法務部長の甲を公益通報対応業務従事者に指定するとともに、社外取締役の乙を公益通報関係の責任者とし、個別の通報は甲どまりであるが、A社に寄せられた内部通報の内容を甲が毎月とりまとめて乙に報告することにした。このような体制に問題はあるか。

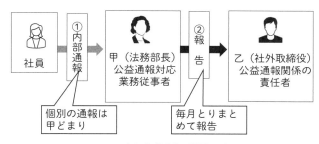

このような体制に問題はあるか？

解説

指針解説第３Ⅰ１②及び③によると、公益通報対応業務従事者については、

・内部公益通報に関して、公益通報者を特定させる事項を伝達される者であること
・内部公益通報の受付、調査、是正に必要な措置の全て又はいず

123

第5章　体制整備②──公益通報対応業務従事者

れかを主体的に行う業務及び当該業務の重要部分について関与
する業務を行う者であること
・内部公益通報受付窓口において受け付ける内部公益通報に関し
て公益通報対応業務を行うことを主たる職務とする部門の担当
者であること。それとともに、それ以外の部門の担当者であっ
ても、事案により上記の項目に該当する場合には、必要が生じ
た都度、従事者として定める必要があること

が要求されています。

　以上を満たす限り、甲が公益通報対応業務従事者であることは
よいでしょう。乙は、公益通報関係の責任者であるということで
すが、甲から毎月寄せられた内部通報の内容の報告を受けること
になっており、通報があった都度報告を受けるわけではないよう
です。
　しかし、「責任者」である社外取締役である以上、少なくとも、
甲やその部署が受け付けた通報に関する調査、是正措置、通報者
へのフィードバックの在り方、さらには、内部公益通報体制の検
証や改善について、方針を策定し、これに基づいてA社の内部公
益通報体制を適切に運用していく責任を負っていると言えるで
しょう。ただ、上記の公益通報対応業務従事者が満たすべき項目
をみると、同従事者は、個別的な通報の処理に従事する存在であ
ることが想定されていると思われるため、毎月通報の内容につい
て報告を受けるとしても、個別的な通報の処理は、（乙が責任者と
して策定した方針に則り）甲以下において対応することとなってい
るならば、乙を公益通報対応業務従事者として指定するまでの必
要はないと言えるでしょう。
　ただし、個別的な通報の内容（例えば、他の役員のコンプライア

124

ンス違反に関する通報の場合等）によっては、乙自らが調査、是正
活動の指揮を執る必要もあります。このような場合は、当該通報
に関しては、乙も公益通報対応業務従事者として指定される必要
があるでしょう。

第5章　体制整備②──公益通報対応業務従事者

Q39　企業内で公益通報を受けた者に課せられる守秘義務

| 設　例 |

　　　　映画の興行を業とするA社の総務部で勤務する従業員である甲は、A社が、社長の乙の公認で、建築基準法上義務付けられている特定建築物の調査結果について虚偽の報告をしていることを知ったため、同僚の丙に対して、昼休み中に社員食堂で「うちの会社は社長公認で特定建築物の調査結果について虚偽の報告をしているようなので、一度会社の内部通報窓口に通報しようと思っている」旨打ち明けた。これをたまたま社員食堂にて聞いていた、公益通報対応業務従事者である丁は、乙社長に甲のことを伝えようと考えたが、いきなり甲の氏名を乙社長に伝えることはためらわれたので、乙に対して「総務部の女性従業員が、うちの会社が行っている特定建築物の調査結果の虚偽報告に気がつき内部通報を行おうとしている」旨報告したところ、乙は総務部の人事リストを確認し、総務部に勤務する女性従業員は甲のみであったため、通報を行おうとしているのは甲であると特定し、甲が社内の通報窓口に内部通報を行う前に、解雇することにした。

　　丁が乙に対して、甲が内部通報を行おうとしている旨報告したことに問題はないか。

解　説

　丁は公益通報対応業務従事者ですので、「正当な理由がなく、その公益通報対応業務に関して知り得た事項であって公益通報者を特定させるものを漏らしてはならない。」とされています（法12

Q39 企業内で公益通報を受けた者に課せられる守秘義務

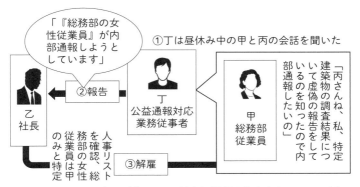

丁が乙に対して、甲が内部通報を行おうとしている旨の報告をすることは問題ないか？

条)。本件で丁が、乙に対して報告した、「総務部の女性従業員が、うちの会社が行っている特定建築物の調査結果の虚偽報告に気がつき内部通報を行おうとしている」ということを知ったのは、たまたま昼休み中（就業時間外）に社員食堂で甲が丙に話していたのを側聞したに過ぎず、「公益通報対応業務に関して」知り得たものとはいえません。したがって、**丁が乙に上記の内容を話したことは、法12条に違反するものとは言えないでしょう。**

なお、仮に「公益通報対応業務に関して」知り得たと言えたとしても、丁が話した内容は、「総務部の女性従業員」というだけであって、甲を直接的に特定しているわけではないので、やはり法12条には違反しないのではないかという点が問題となります。

しかしながら、同条にいう、「公益通報者を特定させるもの」とは、氏名等、直接的に特定させる情報だけではなく、関係者が既に把握している、ないし容易に把握し得る他の事実と相まって通報者を特定させる情報も含まれると考えるべきです。そして総務部に女性従業員が1名しかいないことは社内者であれば容易に把

127

握できる事実ですから、結局丁は「公益通報者を特定させるもの」を漏らしたと言わざるを得ないでしょう。

　話を元に戻して、丁の乙への報告が、法12条に違反しないとしても、公益通報対応業務従事者という職責に照らして、丁の乙への報告という行為は、その職責への信頼を裏切るものと言わざるを得ません。このような行為が、内部通報規程その他の社内規則で禁じられていれば、これに違反しますし、そうでなくとも、多くの会社の終業規則等で懲戒事由とされている、社員としての品位を貶める行為に該当するといえますし、さらにそのような規定がないとしても、甲に対する不法行為を構成する可能性が高い行為であると言えます。

　とすれば、甲の解雇は、形式的には公益通報を理由とするものではなく、公益通報者保護法に基づき無効であるとは言えませんが、解雇権の濫用に当たる可能性が高いと考えられます。

　法11条2項は、「事業者は、前項に定めるものの〔注：公益通報対応業務従事者〕ほか、公益通報者の保護を図るとともに、公益通報の内容の活用により国民の生命、身体、財産その他の利益の保護に関わる法令の規定の遵守を図るため、第三条第一号及び第六条第一号に定める公益通報に応じ、適切に対応するために必要な体制の整備その他の必要な措置をとらなければならない。」と規定しており、これに基づいて、どのような措置を講ずるべきかを指針の第4が定めています。1が、「部門横断的な公益通報対応業務を行う体制の整備」であり、これが、

　⑴　「内部公益通報受付窓口の設置等」
　⑵　「組織の長その他幹部からの独立性の確保に関する措置」
　⑶　「公益通報対応業務の実施に関する措置」
　⑷　「公益通報対応業務における利益相反の排除に関する措

置」

から成っています。

　２が、「公益通報者を保護する体制の整備」であり、これは、
　　⑴　「不利益な取扱いの防止に関する措置」
　　⑵　「範囲外共有等の防止に関する措置」
から成っています。

　３が、「内部公益通報対応体制を実効的に機能させるための措置」であり、これは
　　⑴　「労働者等及び役員並びに退職者に対する教育・周知に関する措置」
　　⑵　「是正措置等の通知に関する措置」
　　⑶　「記録の保管、見直し・改善、運用実績の労働者等及び役員への開示に関する措置」
　　⑷　「内部規程の策定及び運用に関する措置」
から成っています。

　以下では、公益通報対応業務従事者の設置義務及びこれら１～３の体制整備・措置義務のことをまとめて、「公益通報対応体制整備等義務」と呼ぶこととします。

　法15条は、消費者庁は、事業者（国又は地方公共団体を除く）がとるべき公益通報対応体制整備等義務に関し必要があると認めるときは、当該事業者に対して、報告を求め、又は助言、指導若しくは勧告をすることができるとされており、事業者が報告をせず、又は虚偽の報告をした場合、20万円以下の過料の対象となるとともに、とるべき措置をとらない事業者（国又は地方公共団体を除く）に勧告をした場合、勧告を受けた事業者が当該勧告に従わなかったときは、その旨を公表することができるとしています。

第6章

体制整備③
——調査・ヒアリング——

　本章では、公益通報、内部通報を受けて調査やヒアリングを行う際に問題となる点について見ていきます。

Q40	調査への協力を求められた者の不安への対応

設　例	不動産ディベロッパーＡ社で、内部通報窓口を担当する甲は、匿名で、営業部門で宅建業法違反が行われているという通報を受けた。通報者は匿名であるものの、内容は詳細であるため、甲はただちに調査に着手することとした。通報から、何かを知っている可能性が高いと思われる社員乙にヒアリングを申し入れたところ、乙は、「他の社員に迷惑をかけるので応じることはできない。」と回答した。甲はどうすべきか？

解　説

　乙のような反応は、公益通報の調査で**ヒアリングを行う場合**においては、珍しいことではありません。そしていうまでもなく公益通報の調査は、相手の協力を得て任意で行われるわけですから、積極的に協力をしようとしない相手に対しては、条理を尽くして説得するほかありません。そこで、どのような内容で説得すべき

131

第6章 体制整備③──調査・ヒアリング

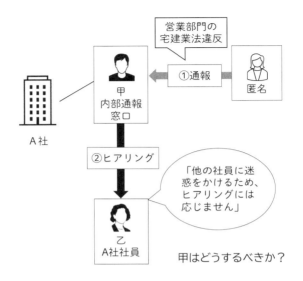

かが問題になります。

　本件で乙は、「他の社員に迷惑をかける」ことを理由としています。ということは、甲としては、むしろ、調査に協力してもらうことのほうが、他の社員にとって、終局的にはメリットがあることを言うべきでしょう。つまり、公益通報の調査がうまくいかない場合には、通報者が、マスコミに通報したり、あるいは直接警察等の捜査当局に通報することも考えられます。もちろん、内部で調査し、それが刑事事件を構成することが明らかであるならば、最終的には捜査当局の手に委ねなければならない場合もあり得るわけですが、仮にそうであっても、内部で関係者が積極的に事案を明らかにした上でのほうが、会社のレピュテーションも無用に傷つかず、また、事案に関与した者に対する処分も軽くなることが期待できます。

　調査担当の甲としては、担当の上司や役員とも相談の上、もち

ろん約束をすることはできませんが、むしろ**積極的に調査に協力したほうが、そうでない場合と比べて、結局は会社にとっても、そして関係者にとってもメリットになることを**諄々と諭すべきでしょう。就業規則に、公益通報に関する調査に協力する義務が規定されていれば、そのことを指摘することも考えられます（もちろん、かかる義務があったとしても、拒否した場合に当然懲戒できるとは限らないので、言い方には慎重を要します）。

第 6 章　体制整備③──調査・ヒアリング

Q41　通報者が被害者である場合の対応

設　例　　商社 A 社の内部通報部門に、パワハラについ
ての相談があったため、担当者甲は、通報者と
面談し、被害状況について詳しく聴取した。その上で甲は、
他の担当者とも連携の上、パワハラがあったとされる職場の
同僚、加害者とされる乙へのヒアリング等、調査を尽くした
ところ、乙の言動は確かに指導としては行き過ぎの感がなき
にしてもあらずだが、パワハラとまでは言えないという結論
に達した。そこで甲はこの結論を通報者に伝えたが、通報者
は、「あれほど親身になって被害の話を聞いてくれたのに、パ
ワハラでないという結論は受け容れられない。きちんと調査
をしていない。これなら労働基準監督署に内部通報部門の職
務のいい加減さを含めて通報する。」と言い出した。どうした
らよいか？

解　説

　内部通報の調査で、ヒアリングを行う場合、特に通報者である
被害者からヒアリングをする場合には、仮に、その供述内容に不
自然な点や矛盾等があっても、すぐにそこで否定したり、指摘し
たりするのでなく、まずは、**詳細に至るまで聞き出すことが必要**で
す。その際に、事実のポイントごとに、どういった客観的な証拠
があるのかも併せて聞き出すことが必要です。

　そして通報者である被害者は、もちろん供述するに際して、
生々しい被害感情を抱きながら供述することが通常であり、それ
は被害者として至極もっともなことですから、「感情はともかく

134

Q41 通報者が被害者である場合の対応

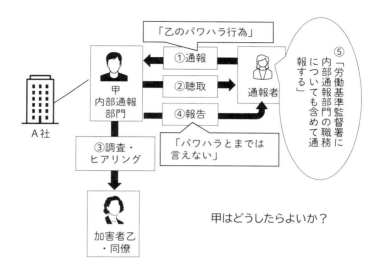

事実だけを話してください」と言っても、なかなか無理な話で、事実関係を詳細に聞き出そうと思ったら、仮に「ここはちょっと変だな」と思う部分などがあっても、感情面でも自然に相手に、共感とまでは行かなくても、「それはおつらかったですね」などと、**寄り添う姿勢で臨むことは不可欠**と言っていいでしょう。

　もちろん、こうやって事実関係を聞き出した上で、これを、通報対象者を含む他の関係者のからのヒアリング内容その他の証拠関係に照らして、客観的な事実関係を特定し、これについてパワハラに該当するかどうかの法的評価を行う必要があります。ただ、こういった事実関係の特定と法的評価についてを、被害者のヒアリングを行った担当者に任せてしまうと、どうしても、被害者と共有した被害感情の影響で、客観性が損なわれるというリスクは否定できません。また、仮にそのリスクに引きずられずに、被害者の申立てと異なる事実関係を特定したり、あるいはパワハ

135

第6章　体制整備③——調査・ヒアリング

ラに当たるという被害者の法的評価と異なる評価の結論に至り、これを被害者に伝えた場合には、被害者としては自分を理解してくれていると思っていたヒアリング担当者から裏切られた、と感じ、調査自体に対して不信感を抱く、ということはままあることです。もちろんそれでも、上記のような調査と法的評価の過程が適切であれば、調査自体に問題があるということにはならないでしょう。

　とはいえ、そのように適切な調査を遂げたにもかかわらず、被害者の納得が得られず、そのために労働基準監督署その他外部への通報がされてしまうと、そもそも何のために内部通報制度を設けたのか分からなくなってしまいます。その意味で、**被害者の納得を得る**ということも、内部通報対応においては極めて重要な要素です。そしてそのためには、被害者へのヒアリングの担当者と、事実関係の特定や法的評価の担当者は別にし（もちろん、ヒアリング担当者も意見を述べることはあってよいでしょう）、かつ、結果を被害者に説明するのも後者の担当者から行うようにすることが望ましいと考えられます。

　併せて、事前にヒアリングの担当者からも、事実関係の特定や法的評価、結果の説明は、他の担当者から行う仕組みになっていることを説明しておくのがよいと思われます。なお、もちろん、通報者が労働基準監督署に通報すると言い出した場合に、甲としては、内部通報部門として適切に調査した上での結論であることを言葉を尽くして説明することはよいとしても、労働基準監督署への通報を妨害ないし制限したと思われるような言動をとるべきでないことはいうまでもありません。

136

第7章

体制整備④
――内部通報制度を機能させるために――

　本章では、事業者が内部通報制度を整備、運用していく際に問題となる点について検討します。

Q42	内部通報の効果検証

> | 設　例 | 　建設会社 A 社の内部通報担当役員甲は、社長の乙から、自社の内部通報制度がきちんと効果 |
> | --- | --- |
>
> を発揮しているのかどうか検証してほしいと指示を受けた。甲はどうしたらよいか？

解　説

　内部通報制度を適切に運用するためには、**不断の検証が重要**ですが、そのためには、過去に寄せられた通報及びその処理の記録が残されていることが不可欠となります。また、検証（評価・点検）した結果については、単に社内の部署だけで共有するのでなく、検証結果をステークホルダーに適切に開示し、自社の内部公益通報体制、ひいてはガバナンスが健全であることを示すのがよいと考えられます。

　そのために指針は、「内部公益通報への対応に関する記録を作

第7章　体制整備④──内部通報制度を機能させるために

成し、適切な期間保管する。」（指針第3の3(3)）とし、その上で、「内部公益通報対応体制の定期的な評価・点検を実施し、必要に応じて内部公益通報対応体制の改善を行う。」「内部公益通報受付窓口に寄せられた内部公益通報に関する運用実績の概要を、適正な業務の遂行及び利害関係人の秘密、信用、名誉、プライバシー等の保護に支障がない範囲において労働者等及び役員に開示する。」としています。

　以上を踏まえ、指針解説は、記録の保管と内部公益通報体制の評価・点検に関して、

　記録の保管期間については、個々の事業者が、評価点検や個別案件処理の必要性等を検討した上で適切な期間を定めることが求められる。記録には公益通報者を特定させる事項等の機微な情報が記載されていることを踏まえ、例えば、文書記録の閲覧やデータへのアクセスに制限を付す等、慎重に保管する必要がある。

　定期的な評価・点検の方法として、例えば、以下のようなもの等が考えられる。
・労働者等及び役員に対する内部公益通報対応体制の周知度等についてのアンケート調査（匿名アンケートも考えられる）
・担当の従事者間における公益通報対応業務の改善点についての意見交換
・内部監査及び中立・公正な外部の専門家等による公益通報対応業務の改善点等（整備・運用の状況・実績、周知・研修の効果、労働者等及び役員の制度への信頼度、本指針に準拠していない事項がある場合にはその理由、今後の課題等）の確認

　運用実績とは、例えば、以下のようなもの等が考えられる。

138

　　　　　　　　　　　　　　　　　　　Q42　内部通報の効果検証

> ・過去一定期間における通報件数
> ・是正の有無
> ・対応の概要
> ・内部公益通報を行いやすくするための活動状況
> 　なお、開示の内容・方法を検討する際には、公益通報者を特定させる事態が生じないよう十分に留意する必要がある。
> 　運用実績の労働者等及び役員への開示に当たっては、公益通報とそれ以外の通報とを厳密に区別する必要はない。

とし、また、その他に推奨される考え方や具体例として、

> ・各事業者における内部公益通報対応体制の実効性の程度は、自浄作用の発揮を通じた企業価値の維持・向上にも関わるものであり、消費者、取引先、労働者等・役員、株主・投資家、債権者、地域社会等のステークホルダーにとっても重要な情報であるため、運用実績の概要や内部公益通報対応体制の評価・点検の結果を、CSR報告書やウェブサイト等を活用して開示する等、実効性の高いガバナンス体制を構築していることを積極的に対外的にアピールしていくことが望ましい。

としています。
　甲はこれらを参考にして、検証を進めることになるでしょう。
　周知のとおり、最近の企業社会では、ハラスメント被害者からの相談内容を知る人間の範囲が拡大してしまうとの思いから内部通報制度の利用をためらい、大きなリスクが顕在化してしまったという例もあります。適切に内部通報制度を利用していないという事実は、自社のレピュテーションに直截に影響することを心に留めておきましょう。

139

第7章 体制整備④——内部通報制度を機能させるために

Q43 内部通報制度の利用実績

設例 システムエンジニア派遣業のA社は、数年前から内部通報制度を設けているが、いままで全く利用者がいない。社長の甲としては、本当に通報となる事象が発生していないのであればよいが、なかなかそうとも言い切れないのではないかと考えている。どうしたらよいであろうか？

内部通報制度の利用者が全くいない場合、どうしたよいであろうか？

解説

内部通報制度は、窓口を設置し、組織を整備すれば終わりというものではありません。第1に重要なのは、制度の存在の周知です。いくら制度を作っても、利用者である従業員等が**制度の存在を知らないのでは、通報者が出てくるわけはありません**。甲は、イントラネットへの掲載、印刷物の配布、社内メール、社内報への掲載等、いろいろな方法で制度を周知させること、また、併せて、通報者の秘密保護と通報を理由とする不利益処分は禁止されることを強調して周知させる必要があります。

場合によっては、通報事案に通報者が関与していても、積極的に通報した場合には懲戒処分を減免すること（いわゆる社内リニエンシー）や、重要な通報をした従業員等には何らかの形で報償を与えることとし、その旨も周知させることも考えられます（指針解説第3Ⅱ1(3)④）。また、指針第4の3(3)ロは、「内部公益通報対応体制の定期的な評価・点検を実施し、必要に応じて内部公益通報対応体制の改善を行う。」とし、制度整備後の評価、点検、改善を求めています。これを受けて指針解説第3Ⅱ3(3)③は、定期的な評価・点検の具体的な方策として、

・労働者等及び役員に対する内部公益通報対応体制の周知度等についてのアンケート調査（匿名アンケートも考えられる。）
・担当の従事者間における公益通報対応業務の改善点についての意見交換
・内部監査及び中立・公正な外部の専門家等による公益通報対応業務の改善点等（整備・運用の状況・実績、周知・研修の効果、労働者等及び役員の制度への信頼度、本指針に準拠していない事項がある場合にはその理由、今後の課題等）の確認

を挙げています。

甲はこのような方策を積極的に実行することによって、自社の内部通報制度の**問題点を把握するべき**であると考えられます。

第7章 体制整備④──内部通報制度を機能させるために

Q44 内部通報担当者の教育

> **設 例**　運送会社A社の内部通報制度担当者の甲は、通報があるたびに担当者がどう取り扱ってよいか分からずあたふたしているため、教育をどうしたらよいかと悩んでいる。どうしたらよいだろうか？

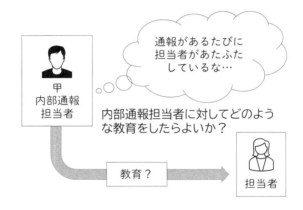

解　説

　内部通報担当者の教育は、適正な内部通報制度の運用にとって極めて重要です。指針第4の3(1)イは、「法及び内部公益通報対応体制について、労働者等及び役員並びに退職者に対して教育・周知を行う。また、従事者に対しては、公益通報者を特定させる事項の取扱いについて、特に十分に教育を行う。」としており、これを受けて指針解説第3ⅠⅠ3(1)③は、

＜労働者等及び役員並びに退職者に対する教育・周知について＞

・公益通報受付窓口及び受付の方法を明確に定め、それらを労働者等及び役員に対し、十分かつ継続的に教育・周知することが必要である。

・教育・周知に当たっては、単に規程の内容を労働者等及び役員に形式的に知らせるだけではなく、組織の長が主体的かつ継続的に制度の利用を呼び掛ける等の手段を通じて、公益通報の意義や組織にとっての内部公益通報の重要性等を労働者等及び役員に十分に認識させることが求められる。例えば、以下のような事項について呼び掛けること等が考えられる。

➢ コンプライアンス経営の推進における内部公益通報制度の意義・重要性

➢ 内部公益通報制度を活用した適切な通報は、リスクの早期発見や企業価値の向上に資する正当な職務行為であること

➢ 内部規程や法の要件を満たす適切な通報を行った者に対する不利益な取扱いは決して許されないこと

➢ 通報に関する秘密保持を徹底するべきこと

➢ 利益追求と企業倫理が衝突した場合には企業倫理を優先するべきこと

➢ 上記の事項は企業の発展・存亡をも左右し得ること

など、詳細に規定しています。

　A社が社外窓口を弁護士等専門家に依頼しているならなおさら、そうでない場合でも、この分野に明るく、経験も豊富な専門家から、通報の処理の仕方、留意点について社内セミナー講師として招聘するなどして具体的なアドバイスを受けることがよいでしょう。また、そのようにしてアドバイスを受けた内容をマニュアル化し、従事者はじめ内部通報に対応する職員は例外なくこれ

143

第7章　体制整備④——内部通報制度を機能させるために

を学習するとともに、人事異動があった際には遺漏なく引き継げるようにしておくことが肝要です。当然このようなマニュアルは、実際の通報処理の事例を踏まえて新たに気づきがあった点を常にアップデートしておくことが重要です。ノウハウの蓄積・整理と人事異動を跨いだ円滑な承継は、内部統制の一つの要ですが、内部通報対応においてももちろん例外ではありません。

Q45 企業内の内部通報規程に反する内部通報の処理

設例　電機製品メーカーA社では、画期的な電池を搭載した新型タブレット「epad」の発売を間近に控えていた。そんな中、epadに搭載するはずの電池には、電流を制御するプログラムに欠陥があり、そのまま発売した場合、使用中に発火し、使用者が怪我をする危険性があるという情報が匿名で内部通報窓口に寄せられた。

このような場合、A社内部通報規程では、窓口担当者はすべからく内部通報担当の社外取締役である甲に報告すべきこととされていたが、たまたまepadの開発担当取締役乙は、窓口担当者で公益通報対応業務従事者である丙の以前の上司であり、丙は乙取締役を深く尊敬していたため、丙はこの通報を甲取締役には知らせず、乙取締役に報告した。乙は直ちに直属の部下に電池の制御プログラムを調べさせたところ、確かに欠陥があることが分かったが、幸い修正に日時をそれほど要しなかったため、結局発売スケジュールを遅らせる必要はなく、実際にepadは発売されて絶賛を博し、その後電池の欠陥による事故等も報告されなかった。

もし丙が甲取締役に報告していたら、その後の調査手続等に日時を要したため、発売スケジュールを遅らせざるを得ず、会社には少なからず損害が発生したはずであった。丙の通報処理は適正であったといえるだろうか。

第7章 体制整備④——内部通報制度を機能させるために

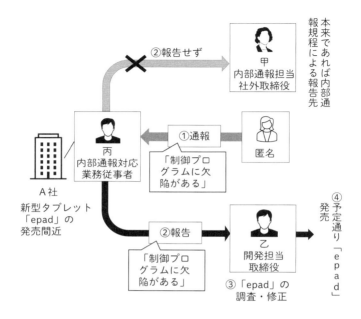

丙の通報処理は適正であったか？

解 説

　丙が規程に従わず、**所定の報告先である甲取締役でなく、通報対象事実の関係者である乙取締役に報告したことは、明らかに内部通報規程違反**であって、懲戒の対象となり得るものと思われます。

　ただ、結果として、丙が規程に従わず、乙取締役に報告したことにより、最短の時間で問題が修正され、会社にも、そして消費者にも損害ないし被害が出ませんでした。このことをどう評価すべきでしょうか。

　結果的に会社や消費者に損害や被害が生じなかったからといって、規程違反の事実が消えてなくなるわけではありません。また、

実質的に考えても、たまたま乙取締役が適切に問題解消の手を打ったことがうまくいったのであって、丙が通報を受けた時点では、容易に解決できなかった問題であったかもしれませんし、あるいは、乙取締役が保身を考えて報告にきちんと対応せず、消費者に被害が生ずる結果となったかもしれません。丙が通報を受けた時点で、このような事態も想定できた以上は、やはり規程どおり、所定の報告先である甲取締役に報告の上、甲取締役の指揮監督の下、適切に調査、是正措置を行うべきであったと言えるでしょう。結果として損害や被害が生じなかったことは、**丙の処分における情状として評価すれば足りる**と考えられます。

第7章　体制整備④——内部通報制度を機能させるために

Q46　グループ内部通報体制①

設　例　常時従業員400人を抱えるスーパーチェーンを経営するA社は、全国規模の小売企業Bホールディングスの子会社であるが、内部通報窓口については自社内に設けるのではなく、Bホールディングスの窓口を利用したいと考えている。この場合、どのような点に留意する必要があるか。また、顧客や取引業者からの通報窓口については自社に設置するということは可能か？

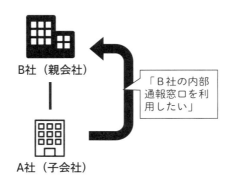

A社がB社の内部通報窓口を利用する場合の
留意点はなにか？

解　説

　A社は常時従業員数400名ということですので、法の下で、内部公益通報対応体制整備義務を負っており、内部公益通報に対応す

るための窓口を設置する必要があります（指針第4の1(1)）。そして、指針解説第3Ⅱの1(1)③は、「内部公益通報受付窓口については、事業者内の部署に設置するのではなく、事業者外部（外部委託先、親会社等）に設置することや、事業者の内部と外部の双方に設置することも可能である。」としており、A社はその内部でなく、親会社であるBホールディングスの窓口を自社の内部公益通報窓口として指定することが可能です。

　この場合、A社は、親会社であるとはいえ別会社であるBホールディングスに、内部公益通報窓口の運営を委託することになるため、自社の内部公益通報に関する公益通報対応業務従事者の指定をどうするか、通報があった場合の自社への情報共有の方法、範囲外共有防止措置、調査・是正措置の体制をどうするか、通報者へのフィードバックをどうするか、について、きちんと取り決めておく（名称や態様のいかんはともかく、このような取り決めは法的には契約ということになるでしょう）必要があります。指針解説第3Ⅱの1(1)④脚注13も、「子会社や関連会社において、企業グループ共通の窓口を自社の内部公益通報受付窓口とするためには、その旨を子会社や関連会社自身の内部規程等において『あらかじめ定め』ることが必要である（法第2条第1項柱書参照）。また、企業グループ共通の窓口を設けた場合であっても、当該窓口を経由した公益通報対応業務に関する子会社や関連会社の責任者は、子会社や関連会社自身において明確に定めなければならない。」としています。

　また、指針解説第3Ⅱの1(1)③は、「組織の実態に応じて、内部公益通報受付窓口が他の通報窓口（ハラスメント通報・相談窓口等）を兼ねることや、内部公益通報受付窓口を設置した上、これとは別に不正競争防止法違反等の特定の通報対象事実に係る公益通報のみを受け付ける窓口を設置することが可能である。」としてお

第7章　体制整備④──内部通報制度を機能させるために

り、内部公益通報窓口を適法適切に設置している限り、A 社は、顧客や、取引業者からの通報窓口については自社に設置することが可能です。なお、仮に顧客や取引業者からの専用通報窓口に、従業員等からの内部公益通報があった場合、窓口が違うという理由で受け付けないことは適切でなく、受け付けた上で（B ホールディングスを含む）本来の担当部署に引き継ぐか、通報者に本来の窓口に通報するように要請する等、適切な対応が必要です。

Q47 グループ内部通報体制②

> **設 例**　Q46の設例〔p.148〕において、A社は内部通報窓口についてBホールディングスの窓口を利用することにしたため、Bホールディングスの内部通報規程を利用すればよいので、あえて自社の規程は作成していない。このような運用は適当か？

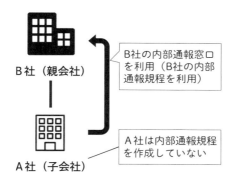

A社は内部通報規程を作成していない
が、そのような運用は適当か？

解 説

　Bホールディングスの窓口を利用するとしても、そこで受け付けられる通報はあくまでA社のものですから、**Q46**で説明するとおり、A社はBホールディングスと、自社の内部公益通報に関する公益通報対応業務従事者の指定をどうするか、通報があった場

合の自社への情報共有の方法、範囲外共有防止措置、調査・是正措置の体制をどうするか、通報者へのフィードバックをどうするか、について、きちんと取り決めておく必要があります。そして、この内容のうち、A社内部において対応すべき事項については、当然、A社において、規程として定めておくべきものです。

第8章

体制整備⑤
──中小規模の事業者の実務──

最後に、中小規模の事業者が内部通報制度を整備、運用していく上で検討が必要となる点について見ていきます。

Q48 窓口を設置することが、「家族的な信頼関係」を損なうことになるか

設　例　　常時400人の従業員を抱える創業50年の地方都市鉄工会社のＡ社は、最近大手鉄鋼グループの中心であるＢ社の子会社となった。Ａ社はこれまで特段公益通報窓口を置いていなかったが、取締役総務部長としてＡ社に派遣されているＢ社執行役員の甲は、改正公益通報者保護法の施行に伴い、自社にも窓口を設置する義務が生じることを知り、このことを社長の乙に進言した。

しかし乙は、Ａ社は創業50年を経て全社員が家族的な信頼関係を持っており、これまでもコンプライアンスの問題があっても社員が上司にすぐに問題を伝え、全社で改善する慣行ができているため、通報窓口を設置すると、かえって社員間の信頼関係を損ね、これまでのような処理ができなくなるし、ただでさえ総務部門は人手が足らないので、新たな業務に回す人手がないことを理由に設置したくない、と言って難色を示した。甲はどうしたらよいか？

第8章　体制整備⑤──中小規模の事業者の実務

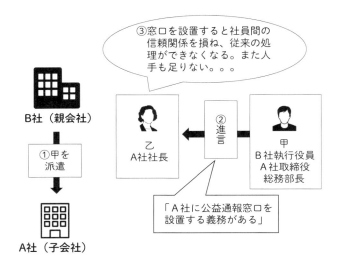

この場合において甲はどうしたらよいか？

解　説

　法11条は、すべての事業者に、公益通報対応体制措置義務を課し、特に常時使用する労働者の数が**300人を超える事業者については、法的義務**としています。そして、公益通報対応体制措置義務のいずれかを怠った事業者については、消費者庁長官による報告徴収又は助言、指導若しくは勧告の対象となります（法15条、19条）。そして、勧告を受けた事業者がこれに従わなかったときは、消費者庁長官は、その旨（当該事業者が勧告に従わなかったこと）を公表することができることとされているとともに、命じられている報告を怠ったり、虚偽の報告を行った場合には、20万円以下の過料に処せられることとされています（法22条）。

　もし、Ａ社がこのような事態となれば、Ａ社のみならず、これ

Q48 窓口を設置することが、「家族的な信頼関係」を損なうことになるか

を子会社とした親会社のB社にとっても少なからず**レピュテーションダメージ**が生じ、乙の善管注意義務違反の責任（任務懈怠責任）も生じ得ることから、甲としてはこのことを乙によく説明し、内部公益通報窓口の設置その他公益通報対応体制措置義務を尽くすよう説得すべきでしょう。乙がこれに従わなければ、それ自体法令違反行為です。また、乙が、「全社員が家族的な信頼関係を持っている」という認識を持っていたとしても、他の役職員も同様に持っているかどうか、明らかではありませんし、仮にそうであったとしても、他の役職員のために、**内部公益通報窓口を設置することが、「家族的な信頼関係」を損なうことになるとは言えない**と考えられます。役職員間に真にそのような信頼関係があり、公益通報の対象となるようなことを含め、いかなることについても直接言い合える間柄であれば、結果として内部通報窓口が利用されないというだけのことであり、それでも、将来これが必要となる事態がゼロであるとは言い切れない以上、設置しなくてよい、という理由にはなり得ないと思われます。甲は、このような事情も含め、乙を説得すべきであり、それでも乙が従わない場合には、親会社株主であるB社による降格や解任もやむを得ない場合もあると考えられます。

　なお、A社のように中小規模の会社においては、確かに、内部公益通報窓口を設置しようにも、**人的リソースが足らない**という話はよく聞くところです。また、会社の規模が小さく、全社員の人間関係が緊密な場合には、仮に社内に内部公益通報窓口を設置したとしても、**窓口担当者と通報対象者との間に親密な関係がある場合も多い**と考えられるので、窓口としての実効性が薄いのではないか、との懸念もよく聞きます。この点、指針解説は、「中小企業の場合には、何社かが共同して事業者の外部（例えば、法律事務所や民間の専門機関等）に内部公益通報受付窓口を委託すること」、「事

155

第8章　体制整備⑤──中小規模の事業者の実務

業者団体や同業者組合等の関係事業者共通の内部公益通報受付窓口を設けること」を考えられる措置としており（指針解説第3Ⅱ1⑵④）、上記のような懸念がある場合には、親会社の窓口を指定したり、法律事務所等の外部委託先のみを指定することで対応することも考えられます。

Q49 匿名の通報を受け付けないとする実務は可能か

設例　総従業員30名の出版社のA社は、改正公益通報者保護法について勉強した代表取締役甲の指導により、このたび内部通報窓口を新設することとなった。社内のコンプライアンス違反は部門横断的にすべてきちんと把握し、リスク管理を万全としたいという甲が、甲自らを内部通報対応業務従事者として指定した。他方、無責任な通報が増えて業務に支障が生じることのないよう、匿名の通報は受け付けないこととした。
　このような体制に何か問題はあるか？

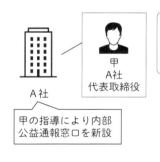

解説

　内部通報制度の構築と運用は、規程に加えて、外部委託を含めて、コストのかかる人的組織の整備が必要であり、そのために、執行幹部の深い理解と積極的な関与や支援は不可欠です。ただし、それは、内部通報制度の機能面において、経営幹部が通報の

第8章　体制整備⑤──中小規模の事業者の実務

受付や処理を一元的かつ排他的に行わなければならないという意味ではありません。そのようにしてしまうと、**経営幹部を対象者とする通報があった場合に、これが適正に処理されるかどうか、疑義が生じ、場合によっては、大きな不祥事の隠蔽といった事態につながるおそれがある**からです。

　この点、指針の第4の1の(2)は、「組織の長その他幹部からの独立性の確保に関する措置」として、「内部公益通報受付窓口において受け付ける内部公益通報に係る公益通報対応業務に関して、組織の長その他幹部に関係する事案については、これらの者からの独立性を確保する措置をとる。」としています。そして指針解説は、「指針本文が求める措置は、内部公益通報受付窓口を事業者の外部に設置すること等により内部公益通報の受付に関する独立性を確保するのみならず、調査及び是正に関しても独立性を確保する措置をとることが求められる。」と述べており（指針解説第3Ⅱ1(2)②脚注15）、通報の受付のみならず、調査及び是正に関しても組織の幹部から独立した内部公益通報体制の構築が必要であるとしています。もちろん、経営幹部が対象者として関与していない通報対象事実の場合には、経営幹部が通報の処理に積極的に関与するほうが、迅速な処理が期待できるという面もあるでしょうから、経営幹部が通報処理に一切関与できないとするのも適切ではないでしょう。

　ただ、本事例のA社のように、従業員総数が30人程度という小規模な会社の場合には、社内の業務執行過程のかなり細かい部分まで、代表取締役社長である甲が関与している可能性があり（もちろんそのこと自体、小規模の会社のガバナンスの在り方として一般論としては望ましいものと思われます）、従業員だけが対象者であったとしても、甲による具体的な指示や監督行為が通報対象事実に関係しており、そのために通報を受けた甲が適切な処理を怠ると

いうこともあり得なくはありません。そのため、基本的には、A社のような小規模会社に関しては、受付だけでなく、調査及び是正に関するアドバイスまで委託できる、**外部の通報窓口を委託することが望ましく、経営幹部が排他的に通報処理を行うことは、避けるべき**だといえるでしょう。

　また、匿名通報ですが、確かに、匿名で無責任ないし根拠の薄い通報が寄せられ、混乱が生ずる可能性が皆無とは言えません。しかし他方、重大なリスクを含むだけに、自分の名前を明かさずに匿名で通報せざるを得ないということもあり得ます。内部通報制度は、企業のリスク管理システム（内部統制システム）の一環であり、その意味で重要なリスク情報を得る途を最初から閉ざしてしまうのでは、リスク管理システムとしては欠陥であると言わざるを得ません。指針解説第3 Ⅱ 1(3)③及びその脚注19も、「内部公益通報対応の実効性を確保するため、匿名の内部公益通報も受け付けることが必要である」、「匿名の通報であっても、法第3条第1号及び第6条第1号に定める要件を満たす通報は、内部公益通報に含まれる。」としています。もちろん、匿名ですと、実際の調査の過程でもいろいろと難しい局面もあり得るところですが、社外の窓口を経由することによって、通報者の人定情報を秘匿したまま調査のために必要な情報を取得する方法もあり、匿名というだけで一切内部通報として取り扱わないということは許されないということになります。

第8章 体制整備⑤——中小規模の事業者の実務

Q50 小規模会社にふさわしい体制

設 例 出版社A社は従業員30名の小規模会社であるが、社長の甲は、内部通報制度を整備したいと考えている。どのような仕組みがこのような小規模会社に適切であろうか？

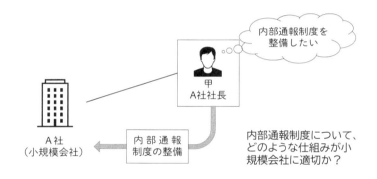

解 説

 A社のような小規模会社において、調査を含む内部通報への対応のために**社内の人員が動くと、それだけで目立ってしまい、対象者に感づかれたり、通常業務への支障が出るおそれがあります**。そのため、内部通報対応に関しては、社内の担当者は極力少人数にし、窓口を含め多くの部分を外部の法律事務所等にアウトソースし、調査のための通報者への接触についても、外部者からメール等で個別に行うことにより、極力調査中の動きが職場内で目立たないようにすることがよいと考えられます。是正措置については社内

担当者の関与がなければ難しいですが、それでも、物理的な隔離が不可能であれば、特定の上席者を監視役に指名すること、調査を行った外部法律事務所等がこまめにモニターのための連絡を行うことなどが考えられます。指針解説は、「中小企業の場合には、何社かが共同して事業者の外部（例えば、法律事務所や民間の専門機関等）に内部公益通報受付窓口を委託すること」、「事業者団体や同業者組合等の関係事業者共通の内部公益通報受付窓口を設けること」を考えられる措置としています（指針解説第3Ⅱ1(2)④）。

第 8 章 体制整備⑤——中小規模の事業者の実務

Q51 アフターケア

設例　ウェブサイトデザイン会社A社では、内部通報制度を設けて数年になるが、担当者乙は、担当役員甲から、これまでの通報者に対して仕返しや不利益な処分がされていないか調べたいと言われた。
　そうはいっても、内部通報部門は乙の他に1名しかおらず、マンパワーが足りない。どうしたらよいか？

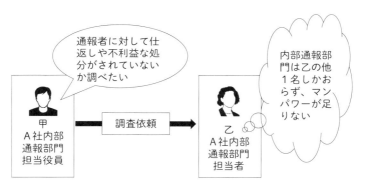

乙はどうしたらよいか？

解説

　小規模な会社において、**内部通報関係の人材の確保は悩みの種**でしょう。この点、指針解説は、内部通報受付窓口の設置について、「中小企業の場合には、何社かが共同して事業者の外部（例えば、法律事務所や民間の専門機関等）に内部公益通報受付窓口を委託す

162

ること」「事業者団体や同業者組合等の関係事業者共通の内部公益
通報受付窓口を設けること」を考えられる方策として挙げていま
す（指針解説第3Ⅱ1(1)③）が、このことは、受付窓口に限るもの
ではなく、処理した通報に関する、報復や不利益処分の有無の確
認といった、アフターケアにも妥当すると考えられます。

　すなわち、受付窓口の外部委託先である法律事務所や事業者団
体に対し、アフターケアに関する業務も外部委託の範囲に含めて
おくとよいと思われます。

補遺——公益通報者保護法の改正提案
（消費者庁公益通報者保護制度検討会報告書
（令和6年12月27日）より）

　令和6年（2024年）12月27日、消費者庁の公益通報者保護制度検討会が、報告書（以下「検討会報告書」といいます）を公表し、法の改正提案を取りまとめました。これは、令和2年改正法の附則第5条において、「政府は、この法律の施行後三年を目途として、新法の施行の状況を勘案し、新法第二条第一項に規定する公益通報をしたことを理由とする同条第二項に規定する公益通報者に対する不利益な取扱いの是正に関する措置の在り方及び裁判手続における請求の取扱いその他新法の規定について検討を加え、その結果に基づいて必要な措置を講ずるものとする。」と規定されていたことを受けて実施された、法の見直しに関する検討結果をまとめたものです。報道では、消費者庁は、検討会の報告を踏まえ、近く法の改正案を国会提出するとされています。

　検討会報告書では、主として以下の項目について法の改正の検討がされました（項目番号は筆者）。このうち、具体的な法改正の提案がされたものについては、各項目（ゴシックボールド表記）につづいて、検討会報告書の文言を引用する形で簡単に紹介しています。

1　事業者における体制整備の徹底と実効性の向上
1—1　**公益通報対応業務従事者指定義務の違反事業者への対応**
　「従事者指定義務の履行徹底に向けて、消費者庁の行政措置権限を強化すべきである。

　具体的には、現行法の報告徴収、指導・助言、勧告、勧告に従

わない場合の公表に加え、立入検査権や勧告に従わない場合の命令権を規定し、事業者に対し、是正すべき旨の命令を行っても違反が是正されない場合には、刑事罰を科すこととすべきである。」

1―2　体制整備の実効性向上のための対応

「事業者が整備した公益通報への対応体制について、現状、法定指針で事業者に求めている労働者及び派遣労働者に対する周知が徹底されるよう、体制整備義務の例示として、法律で周知義務を明示すべきである。」

1―3　体制整備義務の対象となる事業者の範囲拡大

2　公益通報を阻害する要因への対処

2―1　公益通報者を探索する行為の禁止

「法律上、正当な理由がなく、労働者等に公益通報者である旨を明らかにすることを要求する行為等、公益通報者を特定することを目的とする行為を禁止する規定を設けるべきである。

正当な理由の例としては、通報者がどの部署に所属し、どのような局面で不正を認識したのか等を特定した上でなければ、通報内容の信憑性や具体性に疑義があり、必要性の高い調査が実施できない場合に従事者が通報者に対して詳細な情報を問う行為等が考えられる。ただし、潜脱的な行為が行われ、禁止規定の実効性が損なわれることがないよう、正当な理由として解釈で認められる範囲は限定的な場合に留めるべきである。」〔筆者注：罰則を設けることについては、さらに検討することとされた。〕

2―2　公益通報を妨害する行為〔筆者注：事業者が、誓約書や契約によって、労働者に公益通報をしないことを約束させたり、公益通報をした場合には不利益な取扱いを行うことを示唆するなど〕の禁止

「法において、事業者が、正当な理由なく、労働者等に公益通報

をしないことを約束させるなどの公益通報を妨害する行為を禁止するとともに、これに反する契約締結等の法律行為を無効とすべきである。正当な理由としては、例えば、事業者において、法令違反の事実の有無に関する調査や是正に向けた適切な対応を行っている場合に、労働者等に対して、当該法令違反の事実を事業者外部に口外しないように求めることなどが考えられる。

　ただし、潜脱的な行為が行われ、禁止規定の実効性が損なわれることがないよう、正当な理由として解釈で認められる範囲は限定的な場合に留めるべきである〔筆者注：罰則を設けることについては、さらに検討することとされた。〕

2─3　公益通報のために必要な資料収集・持出し行為の免責

2─4　公益通報の刑事免責

2─5　濫用的通報者への対応

3　公益通報を理由とする不利益な取扱いの抑止・救済

3─1　不利益な取扱いの抑止

3─1─1　不利益な取扱いに対する罰則と対象範囲

　「公益通報に対する報復や不正を隠蔽する目的で、不利益な取扱いを行った事業者及びその意思決定に関与した個人に対する厳しい制裁を加えることで、労働者が躊躇せず公益通報をして、国民生活の安心・安全を損なう不正行為が早期に是正されるようにするとともに、公益通報者が職業人生や生活上の悪影響を受けることがないよう確保することで、制度の実効性の向上を図る必要がある。そこで、公益通報者保護制度に対する社会一般の信頼と公益通報をした個人の職業人生や生活の安定を保護法益として、禁止規定に違反した事業者及び個人に対して刑事罰を規定すべきである。」、「ただし、刑事罰を導入するにあたっては、（略）労働者に対する解雇及び懲戒に限定することが考えられる。」

3－1－2　間接罰か、直罰か

「行政命令を挟む間接罰ではなく、直罰方式が相当である。」

3－1－3　法人重課

「法人重課を採用すべきである。」〔筆者注：不利益取扱いを行った法人事業者に関する両罰規定を設けるべきという趣旨と思料される〕

3－2　不利益な取扱いからの救済

3－2－1　公益通報者の立証責任の転換と対象範囲

「解雇や懲戒について、『公益通報を理由とすること』の立証責任を事業者に転換すべきである。」、「不利益な配置転換や嫌がらせ等、解雇・懲戒以外の不利益な取扱いについては、立法事実を踏まえ、どのような場合に公益通報を理由とすることの立証責任の転換という例外的な措置を許容することができるか、より踏み込んだ検討が必要であり、我が国の労働関係法規における取扱いや雇用慣行、事業者の公益通報対応の実務、労働訴訟実務の変化も注視しつつ、立証責任の配分の在り方について、今後、引き続き検討すべきである。」

3－2－2　立証責任を転換する場合の期間制限

「公益通報をした日から１年以内の解雇及び懲戒に限定して、『公益通報を理由とすること』の立証責任を転換すべきである。」、「２号通報及び３号通報については、事業者が公益通報があったことを知って、不利益な取扱いが行われた場合には、当該『知った日』を起算点とすべきである。」

3－2－3　公益通報者の立証責任の転換に関するその他の論点〔筆者注：裁判前・裁判外で迅速に紛争を解決する仕組み、公益通報をしたことを理由とする不利益な取扱いであると裁判上認定された場合の損害賠償額増額の仕組みづくり、生成AIを活用し

た公益通報該当性の判断の効率化等〕

4　その他の論点

4—1　通報主体や保護される者の範囲拡大

4—1—1　フリーランス・取引先事業者

　「<u>公益通報の主体に事業者と業務委託関係にあるフリーランス（法人成りしているフリーランスの場合はその役員である個人）及び業務委託関係が終了して1年以内のフリーランスを追加し、フリーランスが法第3条第1項各号に定める保護要件を満たす公益通報をしたことを理由として、事業者が当該フリーランスに対して、業務委託契約の解除、取引の数量の削減、取引の停止、報酬の減額その他の不利益な取扱いを行うことを禁止すべきである。</u>」、「ただし、フリーランスと業務委託事業者との関係は、取引関係であり、雇用関係ではないことから、公益通報をしたことを理由とする取引関係上の不利益な取扱いについて刑事罰を規定することの要否については、今後の立法事実を踏まえ、必要に応じて、検討すべきである。」

4—1—2　公益通報者の家族等

4—1—3　退職者

4—2　通報対象事実の範囲の見直し

4—3　権限のある行政機関に対する公益通報（2号通報）の保護要件の緩和

〔著者紹介〕

山本憲光（やまもと・のりみつ）
　西村あさひ法律事務所・外国法共同事業パートナー　弁護士。
　1991年東京大学法学部卒業、1995年検事任官（東京地方検察庁）、2000年人事院行政官短期在外研究員（アメリカ合衆国）を経て、2002年より法務省民事局参事官室局付検事（商法改正、会社法制定等の法案立案作業に従事）。2006年検事退官し、弁護士登録（第一東京弁護士会）。

主な著書・論文
『M＆A法大全（上）〔全訂版〕』（共著、商事法務、2019）、『平成26年会社法改正と実務対応〔改訂版〕』（共著、商事法務、2015）、「多重代表訴訟に関する実務上の留意点」商事法務1980号（2012）、「定期傭船契約における船主・傭船者と第三者との関係」海事法研究会誌210号（2011）、『会社法コンメンタール（21）』（共著、商事法務、2011）、「消費者庁の設置と消費者事故等の情報開示制度への対応」NBL926号（2010）等。

設例で考える内部通報・公益通報の実務

2025年3月20日　初版第1刷発行

著　　者　　山　本　憲　光

発　行　者　　石　川　雅　規

発　行　所　　株式会社 商　事　法　務

　　　　　　　〒103-0027 東京都中央区日本橋3-6-2
　　　　　　　TEL 03-6262-6756・FAX 03-6262-6804〔営業〕
　　　　　　　TEL 03-6262-6769〔編集〕
　　　　　　　https://www.shojihomu.co.jp/

落丁・乱丁本はお取り替えいたします。　　　　印刷／三報社印刷㈱
© 2025 Norimitsu Yamamoto　　　　　　　　Printed in Japan
　　　　　　　　　　Shojihomu Co., Ltd.
　　　　　　ISBN978-4-7857-3158-8
　　　　　　＊定価はカバーに表示してあります。

JCOPY ＜出版者著作権管理機構　委託出版物＞
本書の無断複製は著作権法上での例外を除き禁じられています。
複製される場合は、そのつど事前に、出版者著作権管理機構
（電話 03-5244-5088、FAX 03-5244-5089、e-mail：info@jcopy.or.jp）
の許諾を得てください。